AF461320

Vincent (A.J.H.) 1871 - Novembre - 20

CATALOGUE
DES LIVRES

COMPOSANT LA

BIBLIOTHÈQUE DE FEU M. A.-J.-H. VINCENT

Membre de l'Institut (Académie des inscriptions et belles-lettres)
Officier de la Légion d'honneur

Dont la vente aura lieu le 20 novembre 1871 et jours suivants
à sept heures du soir

Rue des Bons-Enfants, 28, maison Silvestre
SALLE N° 2

Par le ministère de Me DELBERGUE-CORMONT, commissaire-priseur
Rue de Provence, 8

Et de Me GAUTHIER, son confrère, rue Béranger, 12

PREMIÈRE PARTIE

Musique ancienne et moderne
Archéologie
Sciences mathématiques dans l'antiquité
Collections

PARIS
ADOLPHE LABITTE, LIBRAIRE
4, RUE DE LILLE, 4.

1871

Vol 1

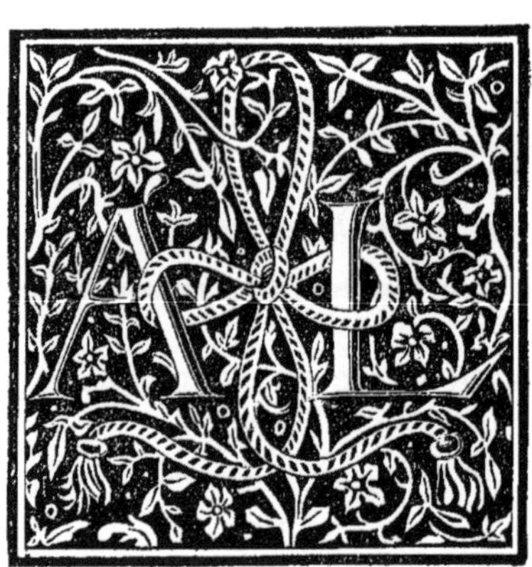

Paris. — Imprimerie Adolphe Lainé, rue des Saints-Pères, 19.

CATALOGUE
DES LIVRES

COMPOSANT LA

BIBLIOTHÈQUE DE FEU M. A.-J.-H. VINCENT

Membre de l'Institut (Académie des inscriptions et belles-lettres)
Officier de la Légion d'honneur

Dont la vente aura lieu le 20 novembre 1871 et jours suivants
à sept heures du soir

Rue des Bons-Enfants, 28, maison Silvestre
SALLE N° 2

Par le ministère de Me DELBERGUE-CORMONT, commissaire-priseur
Rue de Provence, 8

Et de Me GAUTHIER, son confrère, rue Béranger, 12

PREMIÈRE PARTIE

Musique ancienne et moderne
Archéologie
Sciences mathématiques dans l'antiquité
Collections

PARIS
ADOLPHE LABITTE, LIBRAIRE
4, RUE DE LILLE, 4.

1871

CONDITIONS DE LA VENTE.

Il y aura, chaque jour de vente, DE DEUX A QUATRE HEURES, exposition des livres composant la vacation du soir.

Les livres devront être collationnés sur place, dans les vingt-quatre heures de l'adjudication. Passé ce délai, ou une fois sortis de la salle de vente, ils ne seront repris pour aucune cause.

Les acquéreurs payeront 5 centimes par franc applicables aux frais.

Le Catalogue se trouve aussi chez M. POTTIER DE LALAINE (*Librairie musicale ancienne et moderne*), 115, *rue de Provence.*

Paris. — Imprimerie Adolphe Lainé, rue des Saints-Pères

La formation de la bibliothèque laissée par M. Vincent se rattache si directement à sa carrière professionnelle et scientifique, qu'il convient de retracer sommairement les principaux détails de cette existence exclusivement consacrée à l'étude.

Mais on doit d'abord faire remarquer que ce Catalogue ne contient presque pas d'ouvrage concernant la littérature, l'histoire générale, les sciences physiques, naturelles, occultes ou appliquées, ainsi que les beaux-arts. Cela vient de ce que les nombreux volumes de M. Vincent, qui appartenaient à ces diverses séries, ont été confondus, de son vivant, avec ceux de même ordre qui composaient la bibliothèque de feu M. Maurice, son gendre, et qui font la matière d'un Catalogue particulier.

M. Vincent (Alexandre-Joseph-Hidulphe), né à Hesdin (Pas-de-Calais) le 20 novembre 1797, décédé à Paris le 26 novembre 1868, fut nommé professeur de mathématiques et de physique au collége de Reims, en sortant de l'École normale supérieure (1820); appelé à Paris aussitôt après la publication de son *Cours de géométrie élémentaire*, il professa les mathématiques spéciales au collége Rollin (1826), au collége Bourbon (1830), et au collége Saint-Louis (1831).

En 1850, il fut élu membre de l'Académie des inscriptions et belles-lettres, et cessa de professer à la fin de la même année. En 1854, il fut chargé par le ministre de l'instruction publique de classer les collections des sociétés savantes de France et de l'étranger, dont il forma une bibliothèque importante. Depuis l'année 1862, où il demanda et obtint d'être relevé de ces fonctions pour cause de santé, il s'adonna tout entier à ses devoirs d'académicien et poursuivit des recherches approfondies sur les écrits des anciens Grecs relatifs aux sciences militaires, et sur la chronologie égyptienne; mais son œuvre principale est le livre qu'il publia, dès 1847, sous le titre de *Notice et Extraits des manuscrits grecs relatifs à a musique,* et qui lui ouvrit les portes de l'Institut. Du reste, on l'a dit avec raison, poursuivant sans relâche ses travaux d'érudition, « il aborda les questions les plus difficiles, ou restées jusqu'à lui sans solution. Mathématiques, physique, musique (surtout la musique antique), archéologie, philologie, prosodie, histoire, géographie, philosophie, critique littéraire et scientifique, rien ne paraissait étranger à son esprit, et, partout où ses recherches se sont portées, il a simplifié ou complété, rectifié ou découvert. » (VAPEREAU.)

Ainsi s'explique la composition variée de sa bibliothèque. Cette première partie du Catalogue comprend la musique, l'archéologie et les collections périodiques. La seconde et dernière embrassera les séries suivantes : Théologie, Sciences mathématiques, Philologie, Grammaire, enfin Littérature et Histoire du nord de la France et du midi de la Belgique.

On a cru devoir maintenir fidèlement l'ordre assigné par M. Vincent pour la disposition des volumes de sa bibliothèque, au classement de laquelle il avait apporté un soin tout particulier; car, chez ce savant, le travailleur ne se séparait jamais du bibliophile. Les relieurs connaissaient son aversion proverbiale pour la couverture en basane et sa prédilection pour le maroquin. Il faisait compulser minutieusement toutes les publications bibliographiques qui lui étaient adressées d'Angleterre ou d'Allemagne, et son secrétaire avait pour mandat de lui signaler les ouvrages qui pouvaient être utiles à son travail ou même simplement enrichir les rayons de sa bibliothèque.

M. Vincent a laissé un certain nombre de travaux inédits, notamment la traduction que lui avait demandée le gouvernement et qu'il a pu terminer, de plusieurs traités grecs relatifs à l'art militaire, ainsi que beaucoup d'écrits inachevés. Les malheurs publics et la mort qui a frappé coup sur coup son gendre et sa fille en ont indéfiniment ajourné la publication.

Août 1871.

CATALOGUE

DES LIVRES

COMPOSANT LA

BIBLIOTHÈQUE DE FEU M. A.-J.-H. VINCENT

MEMBRE DE L'INSTITUT.

PREMIÈRE PARTIE.

I. MUSIQUE.

I. JOURNAUX DE MUSIQUE.

1. Revue musicale (dirigée par F.-J. Fétis), t. I-X. *Paris*, 1827-1830, 10 vol. in-8, demi-v. brun.

2. Dufour. Revue et Gazette musicale (suite de la Gazette musicale dirigée par F.-J. Fétis), 1853-1866, 13 années, gr. in-4, demi-percale verte.

3. La Semaine musicale, 1865-1867, 3 années en 1 vol. gr. in-4, demi-toile.

4. L'Univers musical, 1856 à 1863. 7 années, gr. in-4, dos en toile.

5. P. Danjou. Revue de la musique religieuse, populaire et classique. *Paris*, 1845-1848, 4 vol. in-8.

6. Th. Nisard. Revue de musique ancienne et moderne. 1re année, 1856, 1 vol. in-8, demi-maroquin. (Seul paru.)

7. Revue de musique sacrée, 1861-63. Texte, 1 vol.; musique 1 vol. gr. in-8, demi-veau fauve.

I a. TEXTES GRECS ET LATINS SUR LA MUSIQUE ANCIENNE.

8. Philodemi de Musica, sive Herculanensium voluminum quæ supersunt, tomus primus. *Neapoli*, 1793, in-fol. cart.

9. Cleonidæ harmonicum Introductorium, interpr. G. Valla. — L. VITRUVII Pollionis de Architectura l. X. — SEX. J. FRONTONIS de Aquæductibus. — ANG. POLITIANI Panepistemon. *Venetiis*, 1497, in-fol.

10. Anitii Manlii Severini Boethii Opera omnia. *Basileæ*, 1570, 1 vol. in-fol. veau brun.

11. Héphestion ; Métrique. *Parisiis, typis regiis*, 1553, in-4.

12. Recueil ancien d'opuscules intitulé : *Opuscula VI sæculi* XVI, pet. in-4, vélin.

PETRI VICTORII Oratio. *Florentiæ*, 1574, in-4. — JANUS VITALIS. De Divina Trinitate. *Romæ*, 1621, in-4. — CLAUD. RUTILIUS. De Laudibus Urbis, Etruriæ et Italiæ. *Bononiæ*, 1520, in-4. — LEONARDI DE PORTIS. De Sestertio. *S. l. s. a.*, in-4. — ED.-JO. FROBENIUS. Veterum aliquot de arte rhetorica traditiones, etc. *Basileæ*, 1621, in-4.

13. Theonis Smyrnæi Platonici, etc., Ismael Bullialdus ed. *Lutetiæ Parisiorum*, 1644, pet. in-4, veau.

15. Julii Pollucis Onomasticon, decem libri constans, gr. et lat. studio atque opera Wolfgangi Seberi Sabani. *Francofurti*, 1608, 1 vol. gr. in-8. demi-rel. veau.

16. Julii Pollucis Onomasticon, ed. Bekker. *Berolini*, 1846, in-8, demi-maroq. fauve.

17. L. Cælilii Minut. Apuleii de Orthographia fragmenta et Apuleii minoris de nota aspirationis et de diphthongis libri duo, ed. Osann. *Darmstadt*, in-8, cartonné.

18. Boèce consolé par la philosophie, traduction nouvelle. *Paris*, 1676, 1 vol. in-8, veau brun.

19. Menandri rhetoris Commentarius de encomiis, ed. Heeren, *Gœttingæ*, 1785, in-8, cart.

20. Boetii Severini de Divisionibus et diffinitionibus libri. *Parisiis*, 1540, pet. in-8, cartonné bleu.

21. La Consolation de la philosophie de Boèce, traduction nouvelle dédiée aux malheureux. *Paris*, 1772, in-12, broché.

22. Boèce. La Consolation de la philosophie, traduite du latin par Ceriziers. *Paris*, 1647, in-12, vélin.

23. (Fr. Stephani) ex Prisciano. Natura nominum, 1540. — ÆLII DONATI De VIII partibus orationis, 1541. — (CAR. STEPHANI). De recta latini sermonis pronunciatione et scriptura, libellus, 1541. *Parisiis, Fr. Stephano*, pet. in-8. veau.

24. Martiani Capellæ Satyricon, in quo de nuptiis Philologiæ

et Mercurii libri duo, et de VII artibus liberalibus libri singulares, ed. Grotius. *Offic. Plantin.* (*Anvers*), 1599, p. in-8, demi-maroquin.

25. Recueil d'opuscules. Pet. in-8, demi-maroq. noir.

C. Plinii Secundi. De Viris illustribus liber. — Suetonii Tranquilli De claris grammaticis, rhetoribus liber. *Lugduni*, *A. Gryphius*, 1583, pet. in-8. — De L. Carrione. Censorini ad Q. Cærellium de die natali, nova editio. *Lutetiæ*, 1583, in-8. — Fragmentum quoddam Censorino antea tributum.

Ib. MUSIQUE ANCIENNE. — HARMONIQUE, NOTATION, ORGANIQUE.

26. Glareani (H. Loriti) ΔΩΔΕΚΑΧΟΡΔΟΝ. *Basileæ*, 1547, pet. in-fol.

27. Gioseffo Zarlinus da Chioggia. Le Istitutioni harmoniche. *Venezia*, 1558, in-4, v.

28. Vincentio Galilei Dialogo della musica antica et della moderna. *Fiorenza*, 1581, in-fol.

29. Davidis Psalmi XII prisco hebræo metro restituit Meibomius. *Amstelodami*, 1698. — De Proportionibus dialogus. 1655. — 2 part. en 1 vol. in-fol. vélin.

30. M. Meybaum. De Proportionibus dialogus. *Hafniæ*, 1655, in-fol. demi-veau.

31. De veteris Græcorum musices in omnes scientias usu, et energia divinatio. — Acoustices (libri IV). — *Venetiis*, 1762, gr. in-4. veau.

32. J.-B. Doni Lyra barberina. Ant. Gorius et Passeri edd. *Florentiæ*, 1763, 2 vol. in-fol.

33. Recueil de dix-sept opuscules, intitulé *Musique ancienne*, in-4., demi-rel. maroq.

Hansen. De musicæ in corpus humanum vi. *Berolini*, 1833, in-4. — R.-B. Van den Bosch. De musices effectu in morbis sanandis. *Lugduni-Batavorum*, 1837, 1 vol. in-8, cart. — G.-M. Raymond. Des principaux systèmes de notation musicale usités ou proposés chez divers peuples anciens et modernes. *Turin*, *I. R.*, 1824, in-4. — J.-G. Walther. De antiqua et musices et philosophiæ conjunctione. 1745. — C.-T. Anton. Comparatur mos recens hieme expulsa æstatem cantu salutandi cum similibus vet. moribus. 3 particulæ, 1839, 40, 41, p. in-4. — M. F.-E. Ditericus. De hypocrisi oratoria, sive eloquentia corporis. *Vitembergæ*, 1723. — Chr. Futterer. De licentia triumphali militum Romanorum commentariolum. 1851, p. in-4. — Jo. Franzius. De musicis græcis commentatio. *Berolini*, 1840, in-4. — A. Dornheim. De primordiis Musicæ græcæ usque ad ætatem Homeri. 1851, in-4. — Richardus Powney. Templum harmoniæ, carmen epicum. *Londini*, 1745, pet. in-fol. — J. Macgregor. Eastern music : Twenty melodies from the Egyptian, Greek, Jewisch, Syrian, Turkish and Arabic for the voice, dulcimer and drum. *London W. Y.*, in-4. — C. F. Weitzmann. Geschichte der Griechischen Musik, *Berlin*, 1855, in-4. — Geschichte des Septimer-akkord. *Berlin*, 1854, in-4. — Der verminderte Septimer-akkord. *Berlin*, 1854, in-4.

34. Recueil de douze opuscules, intitulé : *Musique des Hébreux et des anciens Grecs*, in-4, demi-maroq. vert.

Wimmerstedt (L.-G.) et Bunkrantz (M.-C.). De organis musicis veterum Hebræorum Dissertatio. *Lundæ*, 1818, 2 parties. — Jo-As. Glaser. De Instrumentis Ebræorum musicis. *Lipsiæ*, 1686. — Caspar Felmerius. De Cithara Davidica, ed. 2ª. *Lipsiæ*, 1671. — Hipping. P. De Saule per musicam curato. *Wittemberger*, 1699. — U.-G. Siberus. Historia melodorum ecclesiæ græcæ. *Lipsiæ*, 1714. — C. Woog. Ritus convocandi ad sacra maxime apud veteres. Cum fig. in princip. *Cizæ*, 1701. — G.-H. Martini. Ex cycno ante mortem non canente, qualis fuerit spiritus... *Witembergæ*, 1722. — G. Gerhardus. Cygnorum cantus. *Lipsiæ*, 1660. — G. Wesel. De cantionibus funebribus veterum. *Lipsiæ*, 1689, p. in-4. — Constant. Bellermann. Parnassus musarum voce, fidibus, tibiisque resonans. *Erfodiæ*, 1743, in-4.

35. Nic. Vicentino. L'antica musica ridotta alla moderna prattica. *Roma*, 1555, in-4, demi-rel. veau.

36. Andr. Ang. Bontempi. Historia musica nella quale si ha piena cognitione della teorica et della pratica antica della musica harmonica, secundo la dottrina de' Greci. — Scientia dei Contrapunti. *Perugia*, 1695, pet. in-fol. parchemin.

37. Abbé Roussier. Mémoire sur la musique des anciens. *Paris*, 1770, in-4.

38. Purmannus (J.-G.). Antiquitates musicæ, specim. II et III. *Francofurti ad Mœnum*, 1777, 1 vol. in-4.

39. Dominici Aulisi Opuscula de Gymnasii constructione, Mausolei architectura, Harmonia timaica et numeris medicis. *Neapoli*, 1694, in-4, cartonné rouge.

40. Gilbert. L'harmonie de l'univers, c'est l'unité de la nature, etc. — Écrits sur la musique, etc. *S. l. n. d.*, gr. in-4.

41. Al. Christanowitsch. Esquisse historique de la musique arabe, aux temps anciens, etc. *Cologne*, 1863, gr. in-4.

42. Domenii Aulisius. Delle scuole sacre, libri due postumi. *Napoli*, 1723, in-4, vélin.

43. De la Borde. Essai sur la musique ancienne et moderne. *Paris*, 1780, 4 vol. in-4, fig. v.

44. (De la Borde.) Mémoires sur les proportions musicales, le genre enharmonique des Grecs et celui des modernes, avec les observations de M. Vandermonde et de M. l'abbé Roussier. *Paris*, 1781, in-4, v.

45. Jean-Baptiste Doni. De Præstantia musicæ veteris, libri tres. *Florentiæ*, 1647, 1 vol. in-4, parch.

46. F.-B. Ferrarii De veterum acclamationibus et plausu libri septem. *Mediolani*, 1627, 1 vol. in-4, rel. vélin.

47. Ant. Van Dale. Dissert. IX de Antiquitatibus, quin et Mar-

moribus, cum Romanis, tum potissimum Græcis, illustrandis inservientes. *Amstel.*, 1702, 1 vol. in-4°, demi-rel. veau.

48. Fabio Colonna Linceo. Descrittione et costruttione della sambuca lincea. 1 vol. pet. in-4, parchemin.

49. Giovenale Sacchi della natura e perfezione della antica musica de' Greci e della utilità che ci potremo noi promettere dalla nostra applicandola secondo il loro esempio alla educazione de' Giovani. *Milano*, 1778, in-8, v.

50. G. Sacchi della divisione del tempo nella musica, nel ballo e nella poesia Dissertazioni III. *Milano*, 1770, p. in-4.

51. Le P. Sacchi. Delle Quinte successive nel contrappunto e delle regole degli accompagnamenti, lettera. *Milano*, 1780, pet. in-4, cartonn. gris.

52. Fortunii Liceti ad Syringam publilianam Encyclopædia. *Patavii*, 1635, pet. in-4, parch.

53. — Hydrologicæ disputationes. *Utini*, 1654, 1 vol. in-4, veau, arm.

54. Guidonis Pancirolli Rerum memorabilium sive deperditarum libri duo. *Francof.*, 1696, in-4, basane.

55. Godoridus Aug. Benedictus Wolff. De Canticis in Romanorum fabulis scenicis. *Halæ*, 1825, in-4, demi-veau.

56. Odes d'Anacréon, trad. en fr. par Gail. *Paris, an VII*, in-4, demi-rel.

57. J. G. Neidhardt. Sectio canonis harmonici zur volligen Richtigkeit der generum modulandi. *Kœnigsberg*, 1724, pet. in-4, cartonn.

58. P. C. Schottus. Organum mathematicum libris IX explicatum (musique). *Herbipoli*, 1668, pet. in-4.

59. A. Trew. Directorium mathematicum (musique). *Nuremberg*, 1657, pet. in-4.

61. Mahne. Diatribe de Aristoxeno, philosopho peripatetico. *Amsterdam*, 1793, 1 vol. in-8, demi-rel.

62. Salette (P.-J. de la). Considérations sur les divers systèmes de la musique ancienne et moderne. *Paris*, 1810, 2 vol. in-8.

64. A. Rosbach und R. Westphal. Metrik der Griechischen Dramatiker und Lyriker nebst den begleitenden musischen Künsten. *Leipzig*, *Teubner*, 1854-1856, 3 vol. in-8.

65. Abate Requeno. Principi, progressi, perfezione perdita e ristabilimento dell' antica arte di parlare da Lungi in guerra, cavata da' Greci et da' Romani scrittori. *Torino*, 1790, in-8, demi-veau rouge.

66. Vinc. Requeno. Scoperta della chironomia ossia dell'arte di gestire con le mani. *Parma*, 1797, in-8, cartonné.

67. Vinc. Requeno. Saggi sul ristabilimento del arte armonica de' greci e romani cantori. *Parma*, 1798, 2 vol. in-8, demi-mar. rouge.

68. Aug. Beger. Die Würde der Musik im griechischen Alterthume, etc. *Dresden u. Leipzig*, 1839, in-8.

69. Hug. Grotii Epistola ad Gallos, editio novissima, cui additæ sunt Claud. Salmasii et Claud. Sarravii ad H. Grotium epistolæ. *Lipsiæ*, 1674, in-12, vél.

70. Ger. Jo. Vossius et varii. Dissertationes de studiis bene instituendis. *Traj. ad Rhen.*, 1658, in-12, veau.
Recueil de 22 dissertations dont quelques-unes sur la musique.

71. Errici Puteani Modulata Pallas. *Mediolani, apud Pontianos*, 1599, in-12, demi-rel. veau.

72. Hieronymi Cardani, mediolanensis medici, de Subtilitate libri XXI. *Basileæ*, 1605, in-8, parch.
Chapitre sur la musique ancienne.

73. Lamp. Alardi de veterum musica liber singularis. *Schleusingæ*, 1636, 2 vol. in-12, demi-rel. veau mar.

74. P. Virgilii Maronis Copa. — Spicilegium in Moretum Septimii Sereni. *Francofurti*, 1642, pet. in-8, vél.

75. H. Grotii et aliorum Dissertationes de studiis instituendis. *Amstelodami, Lud. Elzevier*, 1645, in-12.
Plusieurs dissertations relatives à la musique.

76. A. E. Mirus. Kurze Fragen aus der Musica sacra. *Görlitz*, 1707, pet. in-12.

77. Adam Erdmann Mirus. Kurze Fragen aus der Stathmica sacra. *Gorliz*, 1709. — Architectonica sacra. — Arithmetica sacra. — Logica sacra. *Gorliz*, 1710, 1 vol. vélin, pet. in-8.

78. — Kurze Fragen aus denen freuen Mechanischen und Bauer Kunsten, etc. *Dresde*, 1713, in-12, demi-vél.

79. Heraldica sacra. *Dresdæ*, 1714, 1 vol. pet. in-8, demi-rel.

80. (Abbé de Châteauneuf.) Dialogue sur la musique des anciens. *Paris*, 1725, pet. in-8, veau.

81. — Dialogue sur la musique des anciens. *Paris*, in-12, v.

82. Observations sur la musique, la flûte et la lyre des anciens. *Paris*, 1726, in-12.

83. Burette (catalogue de la bibliothèque de feu). *Paris*, 1748, 3 vol. in-12, rel. veau.
Ouvrage important au point de vue de la bibliographie musicale.

84. Les Comédies de Térence, avec la traduction et les remarques de Mme Dacier ; nouvelle édition, enrichie des leçons de Bentlei, de Donat, de Faerne et d'autres. *Amsterdam et Paris*, 1768, 3 vol. veau, in-12.

85. Carolus David Ilgen. Carmina convivalia Græcorum metris suis restituta cum animadversionibus, etc. *Ienæ*, 1798, 1 vol. in-8, demi-rel.

86. Hier. Bossius. Isiacus de Sistro, opusculum. *Mediolani*, 1522, in-12, demi-rel. noire.

87. Cunradi Dasypodii Dictionarium mathematicum, etc. (Harmonica, seu veterum musica). *Argentorati*, 1573, in-8, demi-rel.

88. J. M. Hasius. De Tubis stentoreis. *Lips.*, 1719, in-4.

89. Chr. St. Kazauer. De Tuba stentorea. *Altorf*, 1713, in-4.

90. Ellys. Fortuita sacra, quibus subjicitur commentarius de cymbalis. *Rotterod.*, 1727, 2 vol. in-16, demi-rel. v. m.

91. Joannis Meursii filii Arboretum sacrum, sive de arborum, fruticum, etc. libri III. *Lugduni Batavorum, Elz.*, 1642, 1 vol. vél. in-8. — Joannis Meursii Collectanea de tibiis. 1641, in-12.

92. Dairval (Baudelot de). Histoire de Ptolémée Aulétès, dissertation sur une pierre gravée antique du cabinet de Madame. *Paris*, 1698, in-8, mar.

93. Thomæ Bartholini, de Cygni anatome ejusque cantu. 1668, 1 vol. in-12, veau.

94. Bartholini, de Tibiis veterum. *Amst.*, *Wettein*, 1679, in-12, vélin.

95. Caspari Bartholini Expositio veteris in puerperio ritus, ex arca sepulchrali antiqua desumpti. *Romæ*, 1677. — Idem, de Tibiis veterum et earum antiquo usu libri tres. *Romæ*, 1677, in-12, v. br.

96. Hieronymi Magii de Equuleo liber; additæ notæ et appendix, etc. *Hanoviæ*, 1609. — De Tintinnabulis liber; Franciscus Sweertius f. notis illustrabat. *Hanoviæ*, 1608, in-8, vélin.

97. Friderici Adolfi Lampe de Cymbalis veterum libri tres. *Trajecti ad Rhenum*, 1703, 1 vol. demi-vél., in-12.

98. P. de Bretagne. De Excellentia musicæ antiquæ Hebræorum et eorum instrumentis musicis. *Monachi*, 1718, pet. in-8.

I c. MUSIQUE ANCIENNE. — RHYTHMIQUE, MÉTRIQUE, ACCENT, PROSODIE, VERSIFICATION ANCIENNE ET MODERNE.

99. Guarinus. In præsenti libro continentur : Ars diphthongandi... Dialogus de arte punctandi... Tractatus... de ac-

centu. Breviloquus vocabularius. *Basileæ*, 1480, in-fol., p. de truie et fermoirs.

100. Comte de St-Leu. Mémoire sur la versification et ses essais divers. *Florence*, 1819, in-4, cart.

101. Recueil de vingt opuscules, intitulé : *Rythmique, Métrique*. 1 vol. in-4, demi-maroquin vert foncé.

Jos. Gersbach. Reihenlehre oder Begründung des musicalischen *Rhythmus*, etc., mit Tabellen. *Carlsruhe*, 1834, in-fol. — Kretschmar. De carmine melico. *Halæ*, 1830. — G. Hermann. De Epitritis doriis dissertatio. *Lipsiæ*, 1824. — A. Boeckh. De Epitritis doriis et dipodia trochïca... *Berlin*, 1824, in-4. — A. Peyron. In Theodosii Alexandrini tractatum de prosodia. 1817, in-4. — O. Dressel. Ideen aus Gebiete der Metrik. *Braunschweig*, 1837, in-4. — H. Weissenborn. De versibus iambico-antispasticis. *Lipsiæ*, 1834, p. in-4. — Eichler. Ueber Ton und Accent. *Stendal*, 1834, p. in-4. — F.-V. Fritzschius. De versu Eupolideo. *Rostochii*, 1855, 2 part. — Th.-Guil. Irmiscus. Saturnia Carmina. *Lipsiæ*, 1754. — Boecke. De versu Sotadeo. *Berlin*, 1849, in-4. — A. Gernhard. De compositione carminum Horatii explananda 4 particulæ. *Vimariæ*, 1840-43. — Remarques métriques sur une inscription lat. *Bonnæ*, 1855, — Struve. De exitu versuum in Nonni Panopolitani carminibus. *Kœnigsberg*, 1834.

102. Recueil de 19 opuscules, intitulé : *Poésie, Métrique, Dissertations*. In-4, demi-maroq. marron.

Geppert (C.-E.). De versu Glyconeo. *Berlin*, 1834. — Selckmann (O.). De versu Glyconeo. *Berlin*, 1834. — Clodius (C.-A.-H.). De Carminis heroici dignitate philosophica et morali. *Leipzig*, 1795. — Reizius (F.-V.). Prosodiæ græcæ accentus inclinatio. *Leipzig*, 1775. — Hermannus (G.). De Choro Eumenidum Æschyli. *Leipzig*, 1816, 2 part. — Specimen emendationum in Pindari carmina. *Heidelberger*, 1610. — Strevber (G.-T.). De inscriptionibus quæ ad numerum Saturnium referuntur. *Turici*, 1845. — De Hymnis Dionysii et Mesomedis. *Lipsiæ*, 1843. — Muller (R.-W.). Livii Andronici reliquiæ. *Rudolstadt*. 1849.—Kahath. (Jos.). De chori tragœdiæ natura et munere commentatio. *Clivich*, 1827 — Hermannus (G.). De metrorum quorumdam mensura rhythmica. *Lipsiæ*, 1815. — De Tetralogiis. *Berolini*, 1842. — Creuzer (C.-F.). Pytho's Gründung. *Marburg*, 1848. — Gauerbrei (J.). De fœminarum eruditione. (1re et 2e part.). *Lipsiæ*, 1671. — Blum (J.-C.). De poetriis græcis. *Lipsiæ*, 1708. — Mesnard (P.-L.). Thèse sur la comédie chez les Grecs. *Paris*, 1832. — Mondelot (S.). Thèse de littérature sur Homère. *Paris*, 1828.

103. Recueil de onze opuscules, intitulé : *Métrique ancienne*. In-4, d.-rel. mar.

Fr. Spitzner. De productione brevium syllabarum, cæsuræ vi effecta in versu heroico commentatio. *Vitebergæ*, 1812. — C.-A.-H. Clodius. De Carminis heroici Dignitate philosophica et morali. *Lipsiæ*, 1795. — B. Stolbergius. De Stichometria veterum. *Wittebergæ*, 1678. — C.-T. Anton. De accentibus græcis. *Gorlicii*, 1820, p. in-4. — B. Thorlacius. De homæoteleutis Græcorum et Latinorum versibus. *Hauniæ*, 1818.— P. Breiffz. De literarum hebraicarum origine. *Wittembergæ*, 1692. — Chr. Radekei. Dissert. Ia de usu accentuum s. codicis ebræi. *Witembergæ*, 1715, in-4. — B.-Fr. Wittemburg. De Rhythmo hebræo-biblico sive numero oratorio V. T. *Rostochii*, 1721. — Jo.-R. Rusii. De accentuationis hebraicæ usu pentade dictorum V. T. demonstrato. *Jenæ*, 1732 .— Io.-Ch. Contag. Artém Hebræorum characteristicam examinavit, etc. (De accentibus). *Jenæ*, 1734. — Ch. Weisius. Systema Psalmorum metricum. *Lipsiæ*, 1740.

104. Recueil de onze opuscules, intitulé : *Musique ancienne, Rhythmique, Métrique, Accentuation.* In-4, demi-mar. noir.

A. Apel. Ueber Rhythmus und Metrum. — Aug. Boeckh. De compositione ordinum rhythmicorum. *Berolini,* 1827. — Chr. Liessner. De numero oratorio. *Lipsiæ,* 1702. — Rob. Winkler. De accentus græci vi et usu. *Breslau*, 1856. — Jo.-Chr. Hertzog. Vocum Hebraicarum accentus quoad Sedem et Virtutem ex principiis genuinis demonstratum. *Lipsiæ, s. a.* — Jo.-Nic. Erckel. Theoria accentuum apud Ebræos. *Jenæ,* 1745. — F.-G. Schneidewin. Flavii Sosipatri Charisii de versu Saturnio commentariolus ex cod. Neapolitano nunc primum editus. *Gottingæ,* 1841. — Hermannus. De Usu antistrophicorum in Græcorum tragœdiis. *Lipsiæ.* 1810. — Kaiser. Bemerkungen zur Metrik in F. Schultz lateinischer Grammatik. *Brieg,* 1858. — F.-R.-L. Adrianus. De cantico quod est apud Euripidem Bacch. verss. edit. Herm. *Görlik,* 1860.

105. T. Morell, S. T. P. Thesaurus græcæ poeséos, sive Lexicon græco-prosodiacum. *Etonæ,* 1762, 2 vol in-4, d.-rel. v.

106. Nicolai Peroti. De generibus metrorum, Servius Albino centimetrum. *Venetiis,* 22 août 1493, petit in-4, rel.

107. Aldi Manutii Romani institutionum grammaticarum libri quatuor. 1522, in-4, peau de truie.

108. Opus de Prosodia Hebræorum in quatuor libros divisum a Joanne Vallensi. *Parisiis,* 1545, in-4, demi-veau.

Une partie de l'ouvrage est consacrée à la prosodie latine.

109. Davidis Lyra, seu nova Scripturæ ars poetica, ed. Fr. Gomaro. *Lugduni Batavorum*, 1637, in-4, vél.

110. Andr. Sennerto. Exercitationum critico-philologicarum trias. *Wittebergæ,* anno 1670, in-4, cart.

111. Jo. Reuchlin. Phor. De accentibus et orthographia linguæ hebraicæ. *Hagenoæ,* 1518, gr. in-4, demi-v. fauve.

112. Ernst. Lud. Von Leutsch. Grundriss zu Vorlesungen über die Griechische Metrik. *Göttingen,* 1841, 1 vol. in-4, d.-rel. v.

113. Stoæ De syllabarum Quantitate. *Venetiis,* 1519, in-4, parch.

114. Franciscus Niger. Grammatica cum metrica arte, cunctaque poematum genera perpulchre elucidans. *Basileæ,* 1512, in-8, cart.

115. Pacifiti Magnifiti poete Asculani, de componendis hexametris et penthametris opusculum rarissimum. *Errfordie, Jo. Knap,* 1510, in-4.

116. Chr. Kirchnerii Prosodia græca, h. e. Ratio quantitatem syllabarum apud Græcos, etc., declarans, etc. *Basileæ,* 1544, in-4.

117. V. de Ritis. Metri arabi. Memo Iria letta, etc. *Napoli,* 1835, in-4.

118. D. M. Becucci. Ars metrica, seu de Græcorum prosodia tractatus. *Colle,* 1782, in-4, v.

119. Jo. Lucienbergius. Methodica Instructio componendi omnis generis versus, carmina et odas seu Psalmos. *Francof.*, 1575, in-4, vél..

120. Fr. Gladwin. Dissertations on the rhetoric, prosody and rhyme of the Persians. *Calcutta*, 1798, in-4, demi-veau.

121. Recueil de six opuscules, intitulé : *Chorique*, *Métrique*. In-8, demi-rel. maroq. violet.

Kolster (G.-H.). De Parabasi, veteris comœdiæ atticæ parte antiquissima. *Altona*, 1829. — Lachmanni (C.). De Choricis systematis tragicorum græcorum lib. IV. *Berlin*, 1819. — Karcher (C.). Prosodisches zu Plautus und Terentius. *Carlsruhe*, 1846. — Mundt (A.). Grundzüge zur Metrick der Griechischen Tragiker. *Berlin*, 1826. — Meissner (O). Zur Metrick. *Göttingen*, 1850. — Plagge (W.). De Juba II, rege Mauretaniæ. 1849.

122. Recueil de six opuscules, intitulé : *Métrique ancienne*. In-8, d.-rel. maroq. la Vallière.

Fr. Spitzner. Griechische Prosodie. *Erfurt*, 1821. — G.-J. Barlow Seale. An Analysis of the greek metres. *Cambridge*, 1816. — J.-D. Fuss. Dissertatio Versuum homœoteleutorum, etc., usum commendans. Adhærent Schilleri *festum Victoriæ* et *Cassandræ*, *etc.*, nec non Gœthei *elegia XII*, latine reddita. *Leodii*, 1824, in-8. — Fr. Schiller carmen *de Campana* lat. redditum. *Leodii*, 1824. — Dr.-A. Baumstark. Index prosodiacus latinæ linguæ antibarbarus. *Freiburg*, 1830. — P. Friedchsen. Ueber die politische Verse bei den Griechen. *Leipzig*, 1839, in-8.

123. Recueil de neuf opuscules, intitulé : *Métrique ancienne*, *Versification moderne*. In-8, demi-maroq. pourpre.

C. Agthe. Schedæ Aristophaneæ. *Gottingæ*, 1863. — F.-G.-A. Mullachius. Conjectaneorum Byzantinorum libri duo. *Berolini*, 1852, in-8. — K.-L. Strue. Grammatische und critische Bemerkungen, etc. *Kœnigsberg*, 1820, p. in-8. — Berthold Suhle. Ueber die Casus und Rhythmus. *Berlin*, 1864. — Ed. Preuss. De senarii græci cæsuris. *Regiom. Pruss.*, 1859. — Maximilianus Lontzing. De Numero dochmiaco. *Berolini*, 1863, in-8. — Chr.-Theoph. Schuch. De Poësis Latinæ Rhythmis et rimis præcipue monachorum. *Donaueschingen*, 1851. — N.-E. Framery. Avis aux poëtes lyriques, ou de la nécessité du rhythme et de la césure dans les hymnes ou odes destinés à la musique. *Paris*, *an IX*. — Aug. Schmits. De Hexametri germanici historia. *Bonnæ*, 1862, in-8.

124. Recueil de dix opuscules, intitulé : *Métrique ancienne*. Petit in-8, d.-rel. mar. violet.

Jul. Brix. De Plauti et Terentii prosodia Quæstiones. *Vratislaviæ*, 1841. — Fr. Dorr. Reim bei den Greichen. *Leipsig*, 1857. — C.-A.-Lud. Feder. In Agamemnonis Æschylei carmen epodicum 1ª commentatio. *Heidelbergæ*, 1819. — Ad. Liebig. Dissertatio de Hiatu in versibus Terentianis. *Vratislaviæ*, 1848, in-8.— Ch.-F. Michaelis. Ueber den Accent in der Singcomposition besonders bei Liedern. *S. l. s. d.* — A.-Th. Reinhardt. De vocis intentione, in lingua latina. *Berolini*. 1837. — Carolus Reisigius, Tubingus. De Constructione antistrophica trium carminum melicorum Aristophanis. Syntagma criticum, etc. *Jenæ*, 1818, in-8. — A. Spengel. De versuum creticorum usu Plautino. *Berolini*, 1861. — C. Steiner. De basi. *Neostadii*, 1843. — M. Wollseiffen. De syllabarum in brevem vocalem desinentium apud Homerum productione. *Monasterii*, 1862, in-8.

125. Recueil de huit opuscules, intitulé : *Métrique ancienne*. In-8, d.-rel. mar. violet. t. f.

A.-Ed. Chaignet. De iambico versu, etc. *Lutetiæ Paris.*, 1862. — M. Hoche. Die Metra des Tragikers Seneca. *Halle*, 1862. — Paul Meyer. Note sur la métrique du chant de Sainte-Eulalie. *Paris*, 1861. — Gaston Paris. Étude sur le rôle de l'accent latin dans la langue française. *Paris*, 1862, in-8. — Plath. Die Tonsprache der alten Chinesen, *Paris*. 1861. — C.-E.-C. Schneider. De epiphthegmaticis versibus Æschyli. *Ienæ*, 1829. — H. Wentzel. Symbolæ criticæ ad historiam scriptorum rei metricæ latinorum. *Uratislaviæ*, 1858, in-8. — Heinrich Weil. Comptes rendus de divers ouvrages allemands relatifs à la métrique grecque.

126. Recueil de huit opuscules, intitulé : *Métrique, Prosodie*. In-8, d.-rel. mar. vert.

J.-P. Rossignol. Fragments des choliambographes grecs et latins,... *Paris*, 1849. — J.-A.-P. Fau. Elemente der griechischen und römischen Metrik. *Leipzig*, 1839. — J.-J. Bellermann. Bersuch über die Metrik der Hebræer, *Berlin*, 1813. — B. Gonod. Traité de la quantité grecque. *Clermont-Ferrand*, 1816. — C.-J. Hubert. Traité de prosodie grecque. *Paris*, 1819. — Hermannus J.-C. Weissenborn. De basi versuum Glyconeorum. *Jenæ*, 1840. — H. Düntzer et L. Ersch. De versu, quem vocant, Saturnio. *Bonnæ*, 1838. — Baron Silv. de Sacy. Traité élémentaire de la prosodie des Arabes. *Paris*, 1831. — Comptes rendus de divers ouvrages allemands, relatifs à la métrique grecque.

127. Recueil de quatre opuscules, intitulé : *Grammaire grecque, Accents*. In-8, demi-mar. fauve.

Nicanoris Reliquiæ, ed. Friedlænder. *Regimonti Prussorum*, 1850.—Ad. Regnier. Traité de la formation et de la composition des mots dans la langue grecque. *Paris*, 1840. — F.-C. Bergmann. Théorie de la quantité prosodique basée sur l'analyse des formes grammaticales et démontrée d'abord sur la langue latine. *Strasbourg*, 1839. — Traité de l'accentuation grecque. *Paris*, 1843.

128. Zenobii Metrices libri duo. *Vienne*, 1803. In-8, v. filets.

129. God. Hermannus. De Metris poetarum græcorum et romanorum libri III. *Lipsiæ*, 1796. In-8, cart.

130. Godofredi Hermann Carminum Pindaricorum fragmenta. Commentatio de metris Pindari. *Gottingæ*, 1798, in-8, d.-rel.

131. F. Philippi Darstellung der lateinischen Prosodik, Rhythmik und Metrik, etc. *Leipsig*, 1826, in-8.

132. Méril (Edelestand du). Poésies inédites du moyen âge, précédées d'une histoire de la fable ésopique. *Paris*, 1854, in-8, br.

133. Méril (Edelestand du). Essai philosophique sur le principe et les formes de la versification. *Paris*, 1841, in-8, demi-v. vert.

134. Méril (Edelestand du). Poésies populaires latines antérieures au XIIe siècle. *Paris*, 1843, in-8.

135. *Æschyli Choephori*, cum adnotatione critica et exegetica, ed. Weil. *Gissæ*, 1860, in-8.

136. Le P. Ph. Labbe. Græca Prosodia cum dialecticis poeticis, etc. *Parisiis*, 1671, in-8, v.

137. Æschyli Septem contra Thebas, ed. Weil. *Gissæ*, 1862, in-8.

138. Alexandri Ætoli Fragmenta collecta et illustrata ab Aloysio Capellmanno. *Bonnæ*, 1830, petit in-8, cart.

139. A. Apel. Metrik. *Leipzig*, 1834, 2 vol. in-8, demi-rel.

140. Sapphus Lesbiæ Carmina et Fragmenta, ed. H. F. Magnus Volger. *Lipsiæ*, 1810 ,1 vol. pet. in-8, d.-rel. v. mar.

141. K. J. Hoffmann. Die Wissenschaft der Metrik. *Leipzig*, 1835, 1 vol. in-8, cart.

142. B. Bonesi. Traité de la mesure ou de la division du temps dans la musique et dans la poésie. *Paris*, 1806, in-8, cart.

143. Paul Moccia. Prosodia græca; accessit tractatus de Poesi Græcorum, auctore Cl. Thoma Morelli. *Neapoli*, 1767, in-8, vélin.

144. B. W. Beatson. Progressive exercises for the composition of greek iambic verse. *Cambridge*, 1852, in-12.

145. F. V. Reizius. De prosodiæ græcæ accentus inclinatione. — Additum est ejusd. carmen. *Lipsiæ*, 1791, in-8, vél.

146. M. Acci Plauti Rudens, Richardi Bentleii de Metris Terentianis, ed. F. Volfgangus Reizius. *Lipsiæ*, 1836, in-8, v.

147. Luc. Müller. De Re metrica poetarum latinorum præter Plautum et Terentium, libri VII. Accedunt... opusculum de Lucilii Varronisq. et Phædri iambis ac trochæis italicis, — de poesi rhythmica, — de litteris ac vocibus versuum, — de ludibriis artis. *Lipsiæ*, 1861, in-8.

148. Burneius. Tentamen de metris ab Æschylo in choricis cantibus adhibitis. *Cantabrigiæ*, 1809, 1 vol. in-8, rel. v.

149. Fr. Heimsoeth. Die Wiederherstellung der Dramen des Æschylus. Die Quellen als Einleitung zu einer neuen Recension des Æschylus. *Bonn*, 1861, in-8.

150. Petit. Dissertation sur la Psalmodie et les autres parties du chant grégorien, dans leurs rapports avec l'accentuation latine. *Paris*, 1855, in-8.

151. Ad. Meyer. De Rhythmi in morbis Epiphania. *Heidelbergæ*, 1809, in-8, demi-rel. veau.

152. H. Weil et Benlœw. Théorie générale de l'accentuation latine, etc. *Paris*, 1855, in-8.

153. Louis Benlœw. De l'Accentuation dans les langues indo-européennes. *Paris*, *Hachette*, 1847, in-8.

154. Louis Benlœw. Précis d'une théorie des rhythmes. 1re partie (1862), rh. français et latins; 2e partie (1863), rh. grecs, in-8.

155. G. A. Gebauer. De Poetarum Græcorum bucolicorum, imprimis Theocriti carminibus, in eclogis a Virgilio expressis libri duo (vol. I). *Lipsiæ*, 1860, in-8.

156. De Poematum cantu et viribus rhythmi, auth. Vossio. *Oxonii*, 1673, 1 vol. in-4, v.

157. Dr Christian Bossler. Metrik in Beispielen. *Darmstadt*, 1843, pet. in-8, cart.

158. J. Ph. Krebs. Praktische Metrik der Latein. Spraches. *Heidelberg*, 1826, in-8.

159. D. Jo. Fr. Ch. Graffe. Prosodisches Lexicon der griechischen Sprache aus den heroischen Dichtern zusammen getragen. *Gottingen*, 1811, in-8, demi-rel.

160. Augustus Seidler. De Versibus dochmiis tragicorum græcorum. *Lipsiæ*, 1811, in-8, v.

161. William O'Brien. The ancient rhythmical art recovered. *Dublin*, 1843, in-8, rel. toile.

162. Ad. Regnier. Études sur la grammaire védique. — Pratiça khya du Rig-Véda (métrique). 1859, *Imp. imp.*, in-8.

163. Anast. Georgiades. Tractatus de elementorum græcorum pronuntiatione gr. et lat. *Paris*, 1812, in-8.

164. Ant. Scoppa. Les Vrais Principes de la versification développés par un examen comparatif entre la langue italienne et la française. *Paris*, 1811, 3 vol. in-8, demi-rel.

165. A. Scoppa. Des Beautés poétiques de toutes les langues. *Paris*, 1816, in-8.

166. C. Freese. Griechisch und Römische Metrik. *Dresden*, 1842, in-8.

167. Karl Gœttling. Die Lehre vom Accent der griechischen Sprache. *Rudolstadt*, 1825, in-8, cartonn.

168. J. H. Heinrich Schmidt. Die Eurhythmie in den Chorgesangen der Griechen, etc., etc. *Leipzig*, 1868, in-8.

169. Cleaver. De Rhythmo Græcorum liber singularis. *S. l.* 1775, 1 vol. in-8, v. f.

170. Recueil d'opuscules relatifs à la métrique. In-12, veau.

Aldi Pii Manutii Institutionum grammaticarum libri IV. *Venetiis*, 1554 (Livre IV relatif à la métrique), etc.

171. Cleaver. De Rhythmo Græcorum liber singularis in usum juventutis coll., etc. *Oxonii*, 1789, in-8, demi-rel.

172. Jo. Varennii de Græcorum Accentibus libellus. Item de Prosodia, etc., fragmentum, authore Franc. Vergara, cum ejusd. scholiis, etc. *Parisiis*, 1544, p. in-8, cartonné.

173. Jo. Claius. Prosodiæ libri III. *Witebergæ*, 1580, p. in-8, relié en bois recouvert de peau de truie.

174. Fundamentum scholarium. — Regule Remigii emendate correcteque. — Dans le même ouvrage : Regule orthographie artis metrificandi correcte emendateque. (*Paris*, 1507 [?] in-12, veau.

175. Dictionarium prosodicum græcum. *Parisiis*, 1680, in-12, 1 vol. veau.

176. Pantaleo Bartolomæus Raverinus. Epitome in Prosodiam ex variis scriptoribus. *Parisiis*, 1557, p. in-16, veau.

177. Stephani Ferrerii de Numeris poeticis. *Venetiis*, 1565, in-12, veau.

178. G. Jo. Vossius. Grammatica latina (Prosodie lat.). *Lugd. Bat.*, 1644, in-12, vél.

179. H. Smetii Prosodia quæ syllabarum positiones et diphthongis carentium quantitates sola veterum Poetarum auctoritate, adductis exemplis, demonstrat. *Francofurti*, 1660, gr. in-12, parchemin.

180. Ars metrica, id est ars condendorum eleganter versuum, auct. de Cellières. *Lugduni*, 1680, in-12, maroquin doré sur tranches et fleurs de lis.

181. Grimarest. Traité du récitatif dans la lecture, l'action publique, etc. *Paris*, 1707, in-8, v.

182. Nic. Mercier. Le Manuel des Grammairiens divisé en trois parties, la troisième sur la prosodie. Nouvelle édition. *Lyon*, 1754, p. in-8, v.

183. L. Quicherat. Traité de versification latine. *Paris*, 1839, 1 vol. broché vert, in-8.

184. — Traité de versification française. *Paris*, 1838, in-8, broch.

185. L'abbé d'Olivet. Traité de la prosodie française. *Paris*, 1736, in-12, rel. veau doré.

186. Ch. Asselineau. Histoire du sonnet, 2e édition. *Alençon*, 1856, in-16, br.

187. Abel Ducondut. Examen de la versification française. *Paris*, 1863, in-12, demi-basane rouge.

188. E. Egger et Galusky. Méthode pour étudier l'accentuation grecque. *Paris*, 1844, in-12, demi-rel.

189. V. Bétolaud. Traité de l'accentuation grecque, 3e édit. *Paris*, 1846, in-12, dos en toile bleue.

190. Ed. Wanderus. Conspectus metrorum quibus Sophocles... usus est. *Lipsiæ*, 1825, p. in-8, cartonn.

I d. MUSIQUE DU MOYEN AGE.

191. Margarita philosophica. *Basileæ*, 1535, in-4, rel. v.

192. Nisard (Th.). De la Notation proportionnelle du moyen âge. *Paris*, 1847, in-12, demi-veau mar.

I e. MUSIQUE LITURGIQUE.

193. Dom. Jumilhac. Science et pratique du plain-chant, publ. par Th. Nisard et Leclerq. *Paris*, 1847, in-4.

194. L. Bignon. Méthode pratique d'accompagnement du plain-chant, basée sur la tonalité ecclésiastique et sur la pratique constante du moyen âge. *Paris, s. a.*, in-fol.

195. C. L. Hanon. Système nouveau prat. et popul. pour apprendre à accompagner tout plain-chant à première vue au moyen d'un clavier transpositeur, etc., 2e éd. (1860). *Boulogne*, gr. in-4. — Supplément, 4e éd.

196. Recueil d'opuscules, intitulé : *D'Ortigue*, *Fanart*, grand in-8, demi-rel. maroq. la Vallière.

L. Niedermeyer et J. d'Ortigue. Traité théorique et pratique de l'accompagnement du plain-chant. *Paris, Repos*, 1857. — L.-S. Fanart. Livre choral, etc. *Paris*, 1854.

197. D. Marco della Gatta. Esempii e cantilene di canto fermo Gregoriano con appendice di messe ed officiatura de' morti. *Napoli*, 1794, 2 vol. in-4, parch.

198. Lorenzo Berti. Regole di Canto Gregoriano. *Roma*, 1836, in-4, demi-rel. v. m.

199. L. M. Cizzardt. Il Tutto in poco, overo il Segreto scoperto composto. *Parma*, 1711, in-4, demi-rel. v. m.

200. Lazaro Venanzio Belli. Dissertazione sopra li preggi del Canto Gregoriano. *Frascati*, 1788, 1 vol. p. in-4, demi-rel. veau.

201. Padre F. Andrea di Rodona. Canto harmonico, etc. *In Modana*, 1690, in-4, parchemin.

202. G. Fressa dalle Grotte. Il Cantore ecclesiastico per istruzione dei religiosi minori conventuali. *Padova*, 1713, p. in-4, demi-veau marbré.

203. D. G. Fedele. Principj di canto fermo. (Entièrement gravé.) *S. l. s. a.*, in-4, cartonné.

204. La Scola del Canto Gregoriano. *Novara*, 1831, in-4.

205. P. Alfieri. Saggio storico, teorico, pratico del Canto Gregoriano o romano. *Roma*, 1835, in-4.

206. Marco Dionigi. Primi tuoni, overo introduzione del canto fermo. *Parma*, 1667, 1 vol. in-4, demi-rel. v. m.

207. A. Herland. Nomothésie musicale. Lois du chant d'église et de la musique mod. *Paris*, 1854, in-4.

208. Recueil d'opuscules intitulé : Nisard—Morelot—Schmitt. — *Accompagnement du plain-chant, etc.*, grand in-8, demi-rel, mar. vert.

Th. Nisard. L'Accompagnement du plain-chant sur l'orgue, etc. *Paris*, 1860. — Les Vrais Principes de l'accompagnement du plain-chant sur l'orgue, d'après les maîtres, etc. *Paris*, *E. Repos*, 1860. — St. Morelot. Eléments d'harmonie appliquée à l'accompagnement du plain-chant, d'après les traditions des anciennes écoles. *Paris*, 1861. — G. Schmitt. Nouvelle Méthode pour la formation des chœurs et des maîtrises, ou Guide, etc. *Paris* (1861), in-8.

209. Poisson (Léonard). Traité théorique et pratique du plain-chant appelé Grégorien. *Paris*, 1750, 1 vol. in-8.

210. N. A. Janssen. Les Vrais Principes du chant grégorien. *Malines*, 1845, gr. in-8, demi-rel. maroq. noir.

211. L. Lambillotte, ed. I. P. Dufour. Esthétique, théorie et pratique du Chant Grégorien, etc. *Paris, A. Leclere*, 1855, gr. in-8, portrait.

212. L'abbé J. Tardif. Méthode élémentaire et pratique de plain-chant, etc. *Angers*, 1860, in-8.

213. L'abbé A. Le Besnier. Manuel du chantre. *Rouen*, 1838, in-8, demi-veau vert.

214. Abbé Simon. Guide du chantre. *Rouen*, 1838, in-8, demi-veau vert.

215. F. C. Poinsignon. Regulæ fundamentales cantus plani, methodo arithmetica expositæ. *Argentorati*, 1785, 1 vol. in-8, demi-rel. v. m.

216. Lampadius. Compendium musicæ tam figurati quam plani cantus, etc..... Formulæ intonandi psalmos. *Bernæ in Helvetiis*, 1554, p. in-8.

217. De la Feillée. Méthode nouvelle pour apprendre parfaitement les règles du plain-chant et de la psalmodie. *Poitiers*, 1777, in-12, demi-maroq.

218. — Méthode de plain-chant disposée pour l'usage des principaux diocèses de France; nouvelle édition, considérablement augmentée, par F. D. Aynès. *Lyon*, 1808, in-12, v.

219. Oudoux, prêtre. Méthode nouvelle pour apprendre facilement le plain-chant, avec quelques exemples d'hymnes et de proses, etc.; 2e édition, rev., corrig., aug. *Paris*, *Lottin*, 1776, in-12. v.

220. Hardouin. Méthode nouvelle, courte et facile pour apprendre le plain-chant, à l'usage du diocèse de Reims, avec l'office de la semaine sainte mis en chant par M. Hardouin. *Charleville*, 1819, 1 vol. in-8, veau.

221. L'abbé Chaussier. Le plain-chant enseigné d'après la méthode du méloplaste, etc.; 2e édition. *Lyon*, 1840, in-12.

222. Gius. Barchi Ascolano. L'Ecclesiastico in coro, ammonito dal suo prelato a salmeggiare nella forma che deve. *Rome*, 1745, p. in-8.

223. Lebeuf (abbé). Traité historique et pratique sur le chant ecclésiastique. *Paris*, 1741, 1 vol. p. in-8.

I e'. MUSIQUE LITURGIQUE. — ORGUE. CLOCHES.

224. Bedos de Celles. L'Art du facteur d'orgues. *Paris*, 1776. Texte et planches, 4 t. en 2 vol. in-fol. demi-veau brun.

225. Recueil de dix opuscules, intitulé : *Musique et poésie sacrées, cloches*, in-4, demi-maroq. rouge.

Chr. Wildvogelius. De Canticis angelicis. *Ienæ*, 1699. — C. Meelhornius. De psalmorum, hymnorum atque odarum sacrarum discrimine. *Wittenbergæ*, 1720, in-4. — C. Schramm. De Poesi Hebræorum in codice sacro. *Helmstad.*, 1723. — C. Lesserus. De Poetis latinis biblicis. *Gottingæ*, 1752. — Jo. Chr. Schambach. De veteri recentique Hymno *Te Deum laudamus*. *Wittenbergæ*, 1686, pet. in-4. — J. G. Eccardus. Hymnus magnus ecclesiæ quem *Te Deum laudamus* vulgo vocant. *Helmstadii*, 1713. — G. Ph. Schunter. Historia Trisagii. *Halæ Magdeburgi*, 1744. — Jo. Chr. Reimannus. De Campanis. *Isnaci*, 1679. — Jo. M. Storrius. De Campanis templorum. *Lipsiæ*, 1692. — Jo. Kuhnau. Jura circa musicos ecclesiasticos, etc. *Lipsiæ*, 1688.

226. Jacob Adlung. Musica mechanica organoedi. *Berlin*, 1768, in-4, demi-rel.

227. Roccha (F. A.). De Campanis Commentarius. *Rome*, 1612, 1 vol. in-4.

228. Roujoux. Traité théorique et pratique des proportions harmoniques et de la fonte des cloches, etc. *Paris*, 1765, in-8.

229. M. J. Reignier. L'Orgue, sa connaissance, son administration et son jeu. *Nancy*, 1850, in-8, br.

230. H. A. Stockflethus. Exercitium academicum de campanarum usu. *Altdorffi*, 1665, in-24, vélin.

231. Recueil curieux et édifiant sur les cloches de l'église, avec les cérémonies de leur bénédiction, à l'occasion de celle qui fut faite à Paris le jeudi 3 juin 1756 à l'abbaye de Penthemont, etc., etc. *Cologne*, 1757, in-12, veau.

232. J.-B. Thiers. Traité des cloches et de la sainteté de l'offrande du pain et du vin aux messes des morts, non confondu avec le pain et le vin qu'on offrait sur les tombeaux. *Paris*, 1781, in-12, v.

II. MUSIQUE LITURGIQUE. — HISTOIRE. CRITIQUE. BIBLIOGRAPHIE.

233. Recueil d'opuscules intitulé : *Musique liturgique*, in-4, demi-maroq. violet.

Duval. Études sur le Graduale romanum. *Malines*, lith. — Lor. Berti. Regole di canto gregoriano. *Roma*, 1836, lithog. — L. Lambillotte. Messe solennelle en style grégorien. In-4. — J. Dufour. Mémoire sur les chants liturgiques restaurés par le P. Lambillotte. *Paris*, *Le Clère*, 1857.

234. Paulin Blanc. Prose de Montpellier, ou Chant du dernier jour, etc. Traduction du chant en notation moderne, par M. l'abbé Tesson. *Paris*, 1863, in-fol.

235. D. Giov. Candotti. Sul canto ecclesiastico e sulla musica da chiesa. *Venezia*, 1847, in-4.

236. Jo. Bona. De divina Psalmodia ejusque causis, mysteriis et disciplinis, etc. *Parisiis*, 1663, in-4, veau.

237. J. Wympfelingius. De Hymnorum et sequentiarum auctoribus, generibusque carminum quæ in hymnis inveniuntur. *Heildebergæ*, p. in-4, demi-maroq. vert, tr. rouge.

238. Varin. Des Altérations de la liturgie grégorienne en France. *Paris*, *J. N.*, 1852, gr. in-4.

239. A.-L. Millin. Description d'un diptyque que renferme un missel de la fête des fous (missel de Sens). (Musique gravée à la fin.) Orientis partibus, etc. *Paris*, 1806, in-4, plaq. jaune.

240. Ph. Wackernagel. Bibliographie zur Geschichte des deutschen Kirchenlieder in XVI Jahrh. *Francfurt a. Mein*, 1855, in-4, demi-mar. rouge.

241. Recueil d'opuscules intitulé : *Musique; Parisis*, *La Fage*, *Nisard*, *Tesson*. In-8, demi-maroq. violet.

Parisis (Pierre-Louis), évêque de Langres. Instruction pastorale sur le chant d'église. *Paris*, 1846. — Fage (Adr. de la). De la reproduction des livres de plain-chant romain. *Paris*, 1853. — Lettre sur le plain-chant romain. *Paris*, 1853. — Nisard (Théod.). De la réforme du chant grégorien dans le diocèse du Mans. *Rennes*, 1853. — Brevis conspectus eorum quæ ad emendandos libros cantuales Mechliniæ nuper editos suscepta atque retracta sunt. *Malines*, 1851. — Mémoire sur le Graduel et l'Antiphonaire romains. *Paris*, 1852. — Alix (abbé C.). Mémoire pour servir à l'étude et à la restauration du chant romain en France. *Paris*, 1851.

242. Recueil de dix opuscules, intitulé : ***Musique liturgique.*** In-8, demi-maroq. violet.

B. de Toulmon. *Agnus Dei* de la messe *super* l'homme armé du P. de la Rue. — M. B. de Toulmon. Observations sur les moyens de restaurer la musique religieuse dans les églises de Paris. 1841. — E. de Toulmon. Notice biographique sur J.-Q.-A. Bottée de Toulmon. *Paris*, 1857, in-8. — P. Alfieri. Ristabilimento del canto e della musica ecclesiastica. *Roma*, 1843. — De Saint-Germain. Archéologie musicale, 2 lettres : 1° Sur l'exécution de la musique relig.; 2° Du chant catholique. *Caen*, 1846, in-8. — J. Tardif. Essai sur les Neumes. *Paris*, 1853. — Th. Nisard. Bonheur du juste, romance, paroles et musique. 1850. — F. Clément. Notice sur les chants de la Sainte-Chapelle. *Paris, Didron*, 1852, in-8. — Mignard. Du Chant liturgique, résumé critique et état de la question. *Paris, Dumoulin*, 1853, in-8.

243. Recueil de 11 opuscules intitulé : ***Musique liturgique.*** In-8, demi-rel. mar. violet.

Stephen Morelot. Du Chant ambrosien. — L'abbé Jouve. Du chant liturgique. — A. Bonnelly. Des Corrections à faire dans les hymnes du bréviaire romain, et d'une réforme dans l'enseignement de la prosodie latine. 1854. — Ch. Gomart. Notes historiques sur la maîtrise de St-Quentin et sur les célébrités musicales de cette ville. — A. Le Clercq. Messe composée pour l'orphéon (par Gounod). 1853. — P.-C.-C. Bogaerts et E. Duval. Etudes sur les livres choraux qui ont servi de base dans la publication des livres de chant édités à Malines, etc. *Malines*, 1855.

244. Recueil d'opuscules, intitulé : ***Abbé Cloet, Fraselle, etc.*** In-8, demi-maroq. violet.

Le R. P. Dufour. Polémique sur le chant grégorien, etc. 1857. — Fétis. Rapport sur l'emploi du quart de ton dans le chant grégorien. 1856, in-8. — H. Fraselle et F. Germain. Etudes et recherches sur la théorie et l'histoire du chant grégorien. *Namur*, 1857, in-8. — Vatar. Examen des systèmes de notation du plain-chant. *Rennes*, 1858, in-8. — Abbé Cloet. Examen du mémoire sur les chants liturgiques du R. P. Lambillotte. *Paris*, 1857, in-8. — Un mot sur le choix des livres de chant liturgique. *Béthune*, 1856, in-8. — Remarques critiques sur le Graduale romanum du P. Lambillotte. *Paris*, 1857, in-8. — A.-M. Kung. Le Plain-Chant liturgique dans l'archidiocèse d'Auch. 1857.

245. Recueil de douze opuscules, intitulé : ***Musique liturgique, Histoire.*** In-8, dem.-rel. maroq. vert.

J.-Ed. Bertrand. Histoire ecclésiastique de l'orgue. *Paris*, 1859. — L'abbé Cloet. Mémoire sur le choix des livres de chant liturgique. *Paris*, 1862. — E. de Coussemaker. Notice sur un *ms. musical* de la bibliothèque de St-Dié. *Paris-Lille*, 1859. — F. Danjou. De l'état et de l'avenir du chant ecclésiastique en France. *Paris*, in-8. — Eugenius. Ueber die Russische Kirchenmusik. *St-Pétersbourg*, 1829. — L'abbé Jouve. Esthétique chrétienne ; musique, style libre ou idéal ; de son emploi dans la composition des messes, etc. *Paris*, 1859, in-8. — Ueber Kirchenmusik. *S. l. n. d.*, 1 feuille in-4 (oblong). — C.-F. Michaelis. Zur Geschichte der Orgel, aus englischen Quellen gesammelt, etc. *S. l. s. d.*, in-8. — L'ab. X. Barbier de Montault. Observations liturgiques et iconographiques sur un livre d'heures du XVe siècle. *Angers*, 1858, in-8. — Repos. Le Chant romain de Digne. *Digne*, 1859. — Le P. Ans. Schubiger. La Séquence de Pâques : *Victimæ paschali laudes*, et son auteur. *Paris*, 1858. — S. Stehlin. Die neueren Schicksale der alten Choralgesanges. *Innsbruck*, 1857, in-8. — Th. Wollersheim. Die Reform des gregorianischen Gesanges. *Paderborn*, 1860, in-8.

246. Recueil de treize opuscules, intitulé : ***Musique liturgique.*** In-8, demi-maroq. pourpre.

L'abbé J. R(égnier de Nancy). Mémoire sur le maintien de la musique à l'église. *Paris*, 1846, in-8. — Morel de Voleine. Quelques Aperçus sur le chant dans ses rapports avec la liturgie, particulièrement dans l'Eglise de Lyon. *Paris*, 1858. — H. Morel de Voleine. Recherches sur l'abolition de la liturgie antique dans l'Eglise de Lyon. *Lyon*, 1859. — L. Morel de Voleine. De la Sonnerie des cloches dans le rite lyonnais. *Paris*, 1860. — Félix Clément. Lettre à M. Rupert, rédacteur du *Monde*, sur l'accompagnement du plain-chant, à propos de la Méthode d'accompagnement publiée par M. Moncouteau. *Paris*, 1864, in-8. — F. Filitz. Ueber einige Interessen der älteren Kirchenmusik. *München*, 1854, in-8.—Huit opuscules de M. Aloys Kung, savoir : Mémoire sur le nouveau chant liturgique de Toulouse. *Auch*, 18 oct. 1860. — Le Plain-Chant romain et le nouveau Chant liturgique de Toulouse. *Auch*, 1861, in-8. — Le Chant religieux dans le diocèse d'Auch, depuis l'année 1544 jusqu'à nos jours. *Auch*, 1861. — Hymne à Pie IX, pontife-roi (poésie de Turquety). *Paris*, 1862, in-8. — Corona sacra, recueil de motets et cantiques d'une exécution facile. *Paris*, 1863. — Du Rhythme qui convient au plain-chant. *Paris*, 1863, in-8. — Des Tropes et autres Chants liturgiques sacrés du moyen âge dans l'archidiocèse d'Auch. 1863. — Recherches historiques sur l'art musical dans la province ecclésiastique d'Auch, 3 parties. *Auch*, 1862.

247. Recueil d'opuscules, intitulé : ***Kunc et Chastain, Opuscules sur le chant ecclésiastique.*** In-8, demi-toile marron.

Aloys Kung. Nouvel Essai sur la tradition du chant grégorien. *Toulouse*, 1867. — L'abbé Chastain. Quelques Mots de réponse aux difficultés présentées par M. Aloys Kunc dans son Nouvel Essai sur la tradition du chant grégorien. *Toulouse*, 1867. — Aloys Kung. Nouvelles Notes sur la tradition du chant grégorien. *Toulouse*, 1867. — L'abbé Chastain. Dernière réponse aux difficultés présentées par M. Aloys Kunc dans ses Nouvelles Notes. *Toulouse*.

248. Recueil de neuf opuscules, intitulé : ***Musique liturgique, Histoire.*** Gr. in-8.

D. Beaulieu. Trois opuscules, savoir : Mém. sur le caractère que doit avoir la musique d'église et sur les éléments de l'art musical, 1858. — Mémoire sur quelques airs nationaux qui sont dans la tonalité grégorienne. *Niort* (1859?). — Mémoire sur l'origine de la musique. *Niort*, 1859. — F. Clément. Des diverses Réformes du chant grégorien. *Paris*, 1860. — L'ab. J. Corblet. Notice historique et liturgique sur les cloches. *Paris*, 1857. — Le P. J. Dufour. Lettres à M. l'abbé Petit sur l'existence et l'emploi des notes brèves dans le chant grégorien. *Paris*, 1859. — L'ab. A. Gontier. Méthode raisonnée de plain-chant. Le Plain-Chant considéré dans son rhythme, sa tonalité et ses modes. *Paris*, 1859. — Le Plain-Chant, son exécution, etc. *Paris*, 1860. — Th. Nisard. Examen critique des chants de la Sainte-Chapelle, 1850.

249. Recueil de quatorze opuscules, intitulé : *Musique religieuse*. In-8, demi-maroquin grenat foncé.

Nisard (Théodore). Du Plain-Chant parisien. *Paris*, 1846. — Bottée de Toulmon. Instruments de musique en usage au moyen âge. *Paris*, 1838. — Observations sur les moyens de restaurer la musique religieuse dans les églises de Paris. *Paris*, 1841. — Lettre adressée au président de la sous-commission musicale des chants religieux et historiques. *Paris*, 1845. — Rapport sur une publication relative à l'histoire de la musique. *Paris*, 1845. — Discours sur l'histoire de l'art musical depuis le commencement de l'ère chrétienne jusqu'à nos jours. *Paris*, 1835. — Lettre sur l'*Agnus Dei* de la messe *super l'Homme armé* de Pierre de Larue. *Paris*. — Vincent et B. de Toulmon Lettre sur l'instrument dont ils sont inventeurs, suivie de notes manuscrites. *Paris*, 1840. — Courcelles (de). Monographie de la musique. *Paris*, 1847. — Fage (Adrien de la). Rapport sur l'orgue de l'église de Saint-Denis. *Paris*, 1845. — Briche-Latour. Mémoire lu à l'Inst. hist. sur la musique. *Paris*, 1841. — Al. Carcano. Considerazioni sulla musica antica (avec notes manuscrites). *Rome*, 1842.

250. L'abbé. Cloet. De la Restauration du chant liturgique. *Arras*, 1852, in-8, br.

251. Th. Nisard. Études sur la restauration du chant grégorien au XIXe siècle. *Rennes*, 1856, in-8.

252. Melchior du Lac. La Liturgie romaine et les liturgies françaises. *Le Mans*, 1849, in-8.

253. T.-J. de Vroye et X. Vaf Elewyck. De la Musique religieuse. Les congrès de Malines (1863-1864) et de Paris, 1860, et la législation de l'Église sur cette matière. *Bruxelles*, 1866, gr. in-8.

254. M. Couturier. Décadence et restauration de la musique religieuse. *Paris*, *Repos*, 1862, 1 vol. in-8, br.

255. Recueil de dix opuscules, intitulé : *Musique liturgique*, par Hauber, Behre, Nachbar, Delatour, Clément, etc. In-12, demi-maroq. vert.

256. J. d'Ortigue. La Musique à l'église. *Paris*, 1861, in-18.

257. A. Gantez. L'Entretien des musiciens. *Auxerre*, 1643, pet. in-16, v.

258. Pierre Joseph. L'Esprit du cérémonial d'Aix en la célébration de la Fête-Dieu; 3e édit. *Aix*, 1758, pet. in-8, demi-mar. rouge.

259. Gasp. Grégoire. Explication des cérémonies de la Fête-Dieu d'Aix en Provence. *Aix*, 1777, in-12, v.

260. Du Tilliot. Mémoire pour servir à l'histoire de la Fête des fous. *Lausanne*, 1751, in-12, v.

261. (L'abbé Chastain.) Essai sur la tradition du chant ecclésiastique, depuis saint Grégoire, suivi d'un tonal inédit de Bernon de Reicheneau, par un supérieur de séminaire. *Toulouse*, 1867, in-12, demi-toile.

262. Antiphonaire de saint Grégoire, fac-simile publié par le R. P. Lambillotte. *Paris*, 1851, in-4.

263. Hugo de Sancto Victore. Regula beati Augustini. (Morceaux de musique religieuse.) *Romæ*, 1508, in-fol. dos parchem. rel. en bois.

264. Cantus ecclesiasticus sacræ historiæ Passionis D. N. Jhesu Christi, secundum IV evangelistas, etc. *Romæ*, 1666, petit in-fol. v. gaufré.

265. Cantus ecclesiasticus sacræ historiæ Passionis D. N. Jesu Christi, etc., *ex ducali Campidonensi typographeo, per Jos. Koesel*. 1794, in-fol., demi-v. ancien.

266. Les Leçons de Ténèbres, notées à l'usage de Paris. 1758, 1 vol. in-fol. d.-rel. v. mar. (*Manuscrit*.)

267. P. Blanc. Prose de Montpellier, ou Chant du dernier jour, composée pour l'an mille en notation neumatique; 2e édit., revue et corrigée, avec trad. française, par l'abbé Tesson. *Paris, Lecoffre*, 1863, in-fol.

268. S. Naubourg. Chant religieux des israélites, 1er et 2e parties. *Paris, s. d.*, in-4, demi-maroq. noir.

269. E. Duval. Vingt Motets en l'honneur de la très-sainte Vierge, destinés aux exercices du mois de Marie. *Malines*, 1864, in-fol. dos percale noire.

270. Claudius le jeune. Douze psautiers de David mis en musique selon les douze modes. *La Rochelle*, 1598, 1 vol. oblong, parchemin. (*Rare.*)

271. Michaël Prætorii C. Musarum Sioniar. : Motectæ et psalmi latini. *Norimbergæ*, 1607, 1 vol. pet. in-4, parch. roug.

272. Ph. Magalanicus. Cantus ecclesiasticus precibus apud Deum animas juvandi, corporaq. humandi defunctorum officium, etc., etc. *Antverpiæ*, 1691, pet. in-4°.

273. M. Gothardus. Herrn D. Martini Lutheri und anderer Gothfortiger Männer Psalmen. (Tenor.) *Nürnberg*, 1608, in-4.

274. Missale romanum noviter impressum, etc. *Venetiis*, 1521, in-4, demi-maroq. rouge.

275. P. F. Illuminato. Canto ecclesiastico facile della settimana santa, en deux parties. *Venezia*, 1729, in-4.

276. Psalterium, cantica et hymni aliaque divinis officiis ritu ambrosiano psallendis communia, modulationibus oppor-

tunis notata, etc. *Mediolani*, 1619, in-4, v. armorié, fermoirs, tr. dorée.

277. La Bible qui est toute la sainte escriture du viel et du nouveau Testament : autrement l'ancienne et la nouvelle alliance, etc. (avec les psaumes en musique). *Genève*, 1665, 1 vol. in-4, v. br.

278. Antiphonale Romanum juxta Breviarium S. S. Concilii Tridentini restitutum, etc. *Parisiis*, 1628.

279. Musica divina, s. Thesaurus concentuum selectissimorum, etc. *Ratisbonæ*, 1854, 2 vol. in-4.

280. Choralbuch zu dem Gesangbuche für die protestantischen Gesammtgemeinde des Königreich Baiern, enthaltend 192 theils alte, theils neue vierstimmige Melodieer. *Salzbach*, 1820, 1 vol. oblong avec son étui.

281. K. G. Umbreit, édit. R. Z. Becker. Allgemeines Choral Buch für die protestantische Kirche. *Gotha*, 1811, in-4 oblong, cart.

282. Guillelmi Gabrielis Nivers. Passiones D. N. J. C., etc. *Paris*, 1723, 1 vol. in-4, v.

283. G. G. Nivers. Graduale romanum juxta missale Pii V autoritate editum, in usum ordinis S. Augustini. *Paris*, 1687, in-4.

284. Le P. Ans. Schubiger. Die Sangerschule St Gallens, vom 8ber bis 12ten Jahrhundert, Beitrag zur Gesanggeschicht der Mittelalters. *Einsideln und New-York*, 1858, in-4, rel. angl. dor. sur tr.

285. Planque. Faux-Bourdons et autres chants à 4 voix. *Arras*, 1858, in-4.

286. J. Diliger. Musica christiana valedictoria. *Coburg*, 1642, 1 vol. in-4, cart.

287. Rev. P. Matthæus Orlandus. Directorium chori una cum processionali juxta ordinem ac ritum fratrum B. Mariæ Virg. de monte Carmeli. *Romæ*, 1668, in-4.

288. J. U. Hiller. Funf und zwanzig neue Choralmelodien zu Liedern von Gellert. *Leipzig*, 1792, in-4 oblong, cart. marb.

289. Jac. de Kerle. Liber modulorum sacrorum, etc. Tenor, discantus, bassus. *Monachii*, 1572, in-4 oblong.

290. Recueil d'opuscules, intitulé : *Musique liturgique, Textes*. In-8, demi-mar. noir.

Fr. Armenecht. Die heilige Psalmodie oder der psalmodirende König David, etc. *Göttingen*, 1855. — Joh, Zalm. Evangelisches Choralbuch. 108 vorzügliche Melodien, etc. *München*, 1857. — J.-F.-N. Schlosser. Die Lieder der heiligen Franciscus von Assisi. 2e édit., 1854. — F. Baessler.

Auswahl altchristlicher Lieder. *Berlin*, 1858. — O. Schonemann. Der Sündenfall und Marienklage. *Hanover*, 1855.

291. L'abbé Pellegrin. Histoire de l'Ancien et du Nouveau Testament mis en cantiques (avec les airs notés). *Paris*, 1703, in-8, v.

292. Bréviaire à l'usage de la confrairie des Pénitents blancs de Saint-Laurent lès Grenoble et autres confrairies du Dauphiné. *Grenoble*, 1781, in-8, v.

293. Saint-Benoist. Nouvel Hymnaire parisien, à l'usage des quatre-vingt-quatre départements de la république française. *Paris*, 1793, in-8.

294. H. Bondoux. Recueil de faux-bourdons, ou quatuor de la métropole, à l'usage du diocèse de Rouen. (Basse-taille, soprano, chant.) *Rouen*, 1837, in-8.

295. F. Wolf. Uber die Lais, Sequenzen und Liede. *Heidelberg*, 1841, in-8, cart.

296. Victor Luzarche. Office de Pasques ou de la Résurrection, accompagné de la notation musicale, etc. *Tours*, 1856, in-8.

297. L'abbé Recluz. Histoire de saint Roch et de son culte. *Avignon*, 1858, in-8. (*Planches de musique à la fin.*)

298. Chants chrétiens, 2e édit. *Paris*, 1837, in-8, v.

299. Directorium chori, sive brevis psalmodiæ ratio, ad usum Presbyterorum Congregationis Oratorii D. N. J. C. *Parisiis*, 1753, gr. in-8, cart., parch.

300. L'abbé Guichard. Essais de nouvelle psalmodie ou faux-bourdons. *Rome*, 1783, 1 vol. pet. in-8, d.-rel., v. m.

301. C. A. Bjorn. Hymni veterum poetarum christianorum Ecclesiæ latinæ (métrique). *Hafniæ*, 1818, pet. in-8, cart.

302. L.-P. Bachelet. Psaumes et cantiques en faux-bourdon, etc. *Rouen*, 1837, in-8, demi-veau bleu.

303. Cantorinus. Ad eorum instructionem qui cantum ad chorum pertinentem breviter et quam facillime discere concupiscunt. *Venetiis*, 1540, in-8, goth.

304. Compendium cantionum ecclesiasticarum, continens, etc. *Augustæ Vindelicorum*, 1567, in-12, vél.

305. J. Holthusius Kempensis. Compendium cantionum ecclesiast. *Aug. Vindelic.*, 1579, 1 vol. in-12, p. de truie.

306. Directorium chori. *Romæ*, 1604, 1 vol. pet. in-4, parch.

307. Manuale chori ad usum congregationis monachorum S. Bernardi ordinis cisterciensis... *Romæ*, 1667, pet. in-8.

308. F. L. Wolff. Musica choralis franciscana tripliciter divisa, etc. *Coloniæ*, 1726, pet. in-12, rel. veau.

309. — Musica choralis franciscana. *Coloniæ Agrippinæ*, 1746, pet. in-8.

310. Graduale et Vesperale romanum. *Mechliniæ*, 1854, pet. in-8.

311. L'abbé Cloet. Recueil de mélodies liturgiques, restituées d'après un très-grand nombre de documents, tant manuscrits qu'imprimés, pour servir à la restauration du chant romain, avec des préliminaires sur la méthode qu'on a suivie. *Paris*, 1863-1864, 2 vol. gr. in-12, demi-rel. mar. r.

312. J.-A. Hiller. Drei Melodien zu mir glauben all' an einen Gott. *Leipzig*, 1790, in-4 oblong.

313. Rituale romanum, Pauli V, pontificis maximi, jussu editum. *Parisiis*, 1852, pet. in-12, basane pleine.

314. Chants religieux et civiques pour les fêtes décadaires. *Paris, s. d.*, in-12.

315. J.-B. Chemin. Rituel des adorateurs de Dieu et amis des hommes ; nouvelle éd. *Paris, an VII*, 1 vol., veau, petit in-12.

316. Psalterium chorale fratrum S. Dominici. 1551, in-12.

317. Antoine Godeau. Paraphrase des psaumes de David en vers français, nouvellement mis en musique, ou chant spirituel et facile, par Antoine Lardenois, 2e édit. *S. l.*, 1658, in-12, vél.

318. — Paraphrase des psaumes de David mis en plain-chant par Th. Gobert. *Paris*, 1786, in-12.

319. M. Barthot. Pseaumes, hymnes et cantiques usitez en l'Eglise françoise de Francfort sur le Mein, laquelle approuve la confession d'Augsbourg, etc.; Catéchisme de M. Luther. *Francfort-sur-le-Mein*, 1612, in-32, veau, avec fermoirs.

320. Le Nouveau Testament, c.-à-d. la Nouvelle Alliance. *Charenton*, 1667, in-12.

321. Les Psaumes de David mis en vers françois, avec la prose (avec musique), nouv. édit. *Amsterdam*, 1730, in-12, rel. pl. mar. noir, doré sur tranche.

322. Les Psaumes de David mis en vers et en musique. *Berlin*, 1762, in-12.

323. Expositio hymnorum per totum anni circulum qui in ecclesia cantantur... (*Paris*, *Jo. Pratensis*, 1519), pet. in-8, demi-mar., tr. rouge.

324. M. Claire. Hymni ecclesiastici novo cultu adornati (2e édit.). *Parisiis*, 1676, in-12.

325. Hymnes de Santeuil, traduites en vers françois. *Paris, Barbou*, 1760, pet. in-8.

326. Car. Simbrok. Lauda Sion. *Coloniæ Agrippinæ*, 1850, 1 vol. in-12, demi-rel. v. m.

327. Christ. Corneri D. Cantica selecta Veteris Novique Testamenti. *Lipsiæ* (1568), 1 vol. in-16, rel. veau.

328. La Pieuse Alouette avec son tirelire. *Valenciennes*, 1619, 2 vol. in-16, veau rouge.

329. Frère Jean d'Arras. La Philomèle séraphique, partie 1re, où elle chante les dévots et ardents soupirs de l'âme pénitente, etc. *Tournay*, 1632, in-12, veau.

330. Caulbris (abbé). Divins Cantiques de l'âme fidèle, mis en plain-chant. *Paris*, 1657, 1 vol. in-12, demi-rel. veau.

331. Le Père A. V. C. Le Tableu de la bido del parfet crestia, que represento l'Exercici de la fe, etc. *Toulouso*, 1673, pet. in-8, rel. veau.

332. Me Mengia Vielanda, nata Bisazia. Ovretta musicale chi consista in certas canzuns spiritualas, etc. *Scuol*, 1769, in-12.

333. Matteo Coferati. Il Cantore addottrinato, ovvero regole del canto corale. *Firenze*. — Manuale degli invitatorj co' suo' salmi, etc. *Firenze*, 1691, pet. in-12, mar. noir, ferm.

334. — Corona di sacre canzoni. *Firenze*, 1675, in-24, rel. parchemin.

335. — Corona di sacre canzoni o laude spirituali. *Firenze*, 1689, in-12, mar. noir.

336. Corona di sacre canzoni o laude spirituali di più divoti autori, etc. *In Firenze*, 1710, in-12, rel. parchemin.

337. L'abbé Pellegrin. Nouveau Recueil de noëls, avec des cantiques spirituels... sur tous les évangiles, etc. *Paris*, 1725, pet. in-8, demi-mar. fauve.

338. F.-C. Baer. Hymnes, psaumes et cantiques spirituels à l'usage de la chapelle royale de Suède, à Paris. *Strasbourg*, 1758, in-12.

339. Opuscules sacrés et lyriques, ou cantiques sur différents sujets de piété, avec les airs notés. *Paris*, 1772, 2 vol. veau, in-8, renfermant 4 parties.

340. Recueil de Cantiques spirituels à l'usage des missions de Provence, en langue vulgaire, avec les airs notés à la fin. *Avignon*, 1734, in-12, demi-vélin.

341. Herm. Mott. Musices choralis medulla, etc. *Coloniæ Agrippinæ*, 1683, pet. in-12, veau, fermoirs.

342. Manuscrit sur vélin. Recueil de proses notées. (Vers 1422?), pet. in-8, velours.

343. Chants en langue grecque moderne. (Ms. donné par M. Ph. Le Bas.) 1 vol. in-12, rel. veau brun.

I h. MUSIQUE ORIENTALE (MODERNE).

344. Kiesewetter (R. G.), Freiherrn v. Hammer-Purgstall. Die Musik der Araber. *Leipzig*, 1842, 1 vol. in-4, demi-rel. veau mar.

345. Recueil de chants ecclésiastiques russes. 1863, in-4, basane pleine.

346. Mémoire sur la musique des Chinois tant anciens que modernes, par le P. Amyot. *Paris*, 1779, in-4, demi-veau noir.

347. N. Youssoupoff. Histoire de la musique en Russie; première partie : musique sacrée, suivie d'un choix de morceaux de chants d'église anciens et modernes. *Paris*, 1862, très-gr. in-8.

348. Théodore-Papa Paraschos. Base de la théorie et de la pratique du chant ecclésiastique, etc., d'après Chrysanthe, etc. (en grec). *Constantinople*, 1842, in-8, demi-basane.

349. Chrysanthe de Madythe. Sur la musique ecclésiastique (en grec). *Paris*, 1821, in-8, demi-vél.

350. Manuscrit grec moderne, office en musique. Gr. mod. in-12, veau brun.

351. Chants liturgiques grecs. *Paris*, 1821, in-8, demi-vélin.

352. Office divin grec, ms. grec mod. Pet. in-12.

353. Petit ms. en parchemin, rel. sur bois, contenant chants et musique russes. In-12, parch.

I ia. ACOUSTIQUE.

354. Jo. Keppleri Harmonices mundi libri V. 1619, in-fol.

355. Jo. Keppleri pro suo opere harmonices mundi Apologia, etc. *Francofurti*, 1622, in-fol.

356. Académie des sciences. Acoustique et musique. 1 vol. in-4, composé des extraits de 30 vol.

357. Recueil d'opuscules, intitulé : *Dissertation sur l'acoustique*. 1672-1677, in-4, demi-mar. la Vallière.

D.-G. Morhofi Epistola de Scypho vitreo per certum humanæ vocis sonum rupto. *Kilonii*, 1672. — G.-Chr. Schelhammer. De voce ejusque affectibus. *Ienæ*, 1677. — Matt.-H. Winteik. Dissertatio medica de ΑΕΡΟΤΗΡΙΑ, sive microcosmi æolia. *Altdorff*, 1680. — J.-B. Sillig. De Sono. *Lipsiæ*, 1690. — J.-W. Helbich. De sonitu et tinnitu aurium. *Altdorf*, 1699. — Gab. Cramer. Dissertatio physico-mathematica de sono. *Genevæ*, 1722. — Fr.-Chr. Hahn. Dissertatio sistens sonorum varietatem. *Regiomonti*, 1750. — C.-L. Milerss. Dissertatio physico-metaphysica, sistens colorum varietatem. *Regiomonti*, 1744. — Joh.-M. Lindenau. Dissertatio philosophica, modo mathematico sistens vocem oratorum. *Regiomonti*, 1751. — U.-N. Beletz. (Titre en franc., texte en allem.) Dissertation sur le son et sur l'ouïe. *Berlin*, 1764, in-4. — D.-Chr. Burdach, Jo-B. Reisig. De vi aeris in sono. *Lipsiæ*, 1767.

358. Recueil de vingt opuscules, intitulé : *Opuscules d'Acoustique*. In-4, demi-mar.

Trois opuscules de Lambert, savoir : Sur quelques instruments acoustiques. *S. l.* — Remarques sur le tempérament en musique. *S. l. n. d.* — Observations sur les flûtes. *S. l. n. d.* — Burja. Remarques sur la musique. 1796. — Dr Simons. On the theoretical Investigation of the velocity of sound, 1830. — Sophie Germain. Quatre opuscules : Remarques sur la nature, les bornes et l'étendue de la question des surfaces élastiques, et équation générale de ces surfaces. *Paris*, 1826. — Examen des principes qui peuvent conduire à la connaissance des lois de l'équilibre et du mouvement des solides élastiques. *Paris*. — Mémoire sur la courbure des surfaces. *Berlin*, 1830. — Considérations générales sur l'état des sciences et des lettres aux différentes époques de leur culture. *Paris*, 1833. — Fischer. Ueber das akustiche Verhältniss der Accorde. *Berlin*, 1835. — N. Savart. Quelques Faits résultant de la réflexion des ondes sonores. *S. l. s. a.* — Duhamel. Rapport sur un mémoire présenté à l'Académie et relatif à *l'action de l'archet sur les cordes*. — Du même : Sur la Résonnance multiple des corps. 1840. — C.-E. Nœggerath. De voce, lingua, respiratione, deglutitione observationes quædam. *Bonnæ*, 1841. — A.-J.-H. Vincent. Sur la Théorie de la gamme et des accords. *Extrait*. — M. Calla. Rapport sur la construction et la facture des grandes orgues de M. A. Cavaillé-Coll. *Paris*, 1854. — A. Cavaillé-Coll. Note sur une soufflerie de précision munie d'un nouveau système de régulateurs de la pression de l'air et des gaz, et sur quelques applications de cet appareil à des expériences d'acoustique et à la régularisation de l'émission du gaz d'éclairage. *Paris*, 1863. — Du même : Etudes expérimentales sur les tuyaux d'orgues. *Paris, s. d.* — E. Gripon. Recherches sur les tuyaux d'orgue à cheminée. *Angers*, 1864. — Al. d'Aubigny. Les Gammes des physiciens et les Gammes usuelles des solféges, ou Exposé des rapports des sons musicaux entre eux. *Lille*, 1865. — R. Radau. Sur la Base scientifique de la musique, analyse des Recherches de M. Helmholtz.

359. Recueil de onze opuscules, intitulé : *Acoustique; Fischer, Chladni*, etc. 1 vol. in-4, demi-rel. mar. violet.

E.-G. Fischer. Trois opusc. Ueber den Grund warum die theoretische Bestimmung der Geschwindigkeit der Schalls. 1817. — Ueber die Grundlehren der Akustik. 1824. — Versuche über die Schwingungen gespannter Saiten. 1822, 1 pl. — E.-P.-F. Chladni. Trois opusc. : Beytrage zur beförderung eines bessern vortrages der Klanglehre. — Ueber drehende Schwingungen eines Stabes. — Ueber einige isochrone Schwingungen elasticher Federn. — J.-H. Hassenfratz. Mémoire sur la propagation du son. In-4. — A. Montu. Numération harmonique, ou Echelle d'arithmétique pour servir à l'explication des lois de l'harmonie.

Paris. — Prudlo. Das Monochord oder der Einsaiter. *Breslau*, 1834. — J. Rosenthal. Der Schall als Modification der Bewegung. — Richard Van Rees. Dissertatio de celeritate soni per fluida elastica propagati. *Trajecti ad Rh.*, 1819.

360. Baron de Prony. Instruction élémentaire sur les moyens de calculer les intervalles musicaux. *Paris*, 1832, in-4, d.-rel.

361. P. Daniello Bartoli. Del Suono de' tremori armonici e dell' udito. *Bologna*, 1680, 1 vol. pet. in-4, d.-rel. v.

362. Giordano Riccati. Delle Corde ovvero fibre elastiche schediasmi fisico-matematici. *Bologna*, 1747, 1 vol. in-4, cart.

363. P. Ainania de Luca. Novello sistema di Tonometria. *Napoli*, 1842-1843, gr. in-4, cart. dos percale.

364. Nouveaux Mémoires de l'Académie royale des sciences et belles-lettres de Berlin (année 1774). *Berlin*, 1776, in-4, v.

Castillon. Communication sur les flûtes des anciens (analyse). — Lambert. Tempérament en musique.

365. W. Weber. Leges oscillationis oriendæ si duo corpora diversa celeritate oscillantia ita conjunguntur ut oscillare non possint, nisi simul et synchronice exempla illustratæ tubarum linguatorum. *S. l.*, 1827, gr. in-4, cart.

366. Mlle Sophie Germain. Recherches sur la théorie des surfaces élastiques. *Paris*, 1821, 1 vol., v. doré sur tranches.

367. F. Sarrus. Essais sur la théorie du son. *Montpellier*, 1821, in-4.

368. Funccius. De Sono et Tono, 1re et 2e part. *Lipsiæ*, 1779-1782, in-4.

369. P. G. Schottus. Magia universalis, etc. (Acoustica). *Herbipoli*, 1657, in-4, vélin.

370. Recueil intitulé : *de Prony ; opuscules*. In-8, d.-rel. toile.

De Prony. Population spécifique des départements français. — Notes sur les inflexions des lignes droites... tracées sur le pont L. XVI. *Paris*, 1832. — Note sur l'application de la théorie des solutions partic. des équations différentielles à des questions qui intéressent la pratique de l'art de l'ingénieur. 1834. — Nouveau Système de barrage à portes tournantes, etc. 1836. — Rapport sur la nouvelle et l'ancienne machine à vapeur du Gros-Caillou, etc., avec deux notes ajoutées par l'auteur. *Paris*, 1826. — Note sur la comparaison de la demi-toise de Vienne avec le mètre français. — Calcul des intervalles musicaux. — Formules pour calculer l'effet d'une machine à vapeur.

371. Recueil d'opuscules, intitulé : *Acoustique, etc., opuscules*. In-8, dem.-mar. vert foncé.

G. Wertheim. Mémoire sur les vibrations sonores de l'air. 1851. — Mémoire sur la double réfraction temporairement produite dans les corps isotropes. *Paris*, 1854. — Mémoire sur les vibrations des plaques circulaires. *Paris*. — Fr. von Drieberg. Die Stimmung der griechischen Instrumente und das Monochord. — L'abbé Cochet. Note sur les poteries acoustiques de nos églises. *Rouen*. — Marloye. Catalogue des principaux appareils d'acoustique qui se fabriquent chez Marloye. *Paris*, 1845. — Chladni. Wellenlehre von H. und W. Weber. — Rudolph Kœnig. Catalogue des principaux appareils d'acoustique qui se fabriquent chez Rud. Kœnig. *Paris*, 1859. — Le Phonautographe, appareil pour la fixation graphique des bruits, des sons, de la voix, inventé par M. Ed.-Léon Scott et construit par M. Rud. Kœnig.

372. Recueil d'opuscules, intitulé : *Acoustique*. In-8, demi-mar. vert.

Abbé de Hautefeuille. Problème acoustique curieux et intéressant, dont la solution est proposée aux savants ; solution d'après les idées de M. de Hautefeuille. *Paris*, in-8. — Explication de l'effet des trompettes parlantes. *Réimprimé sur la seconde édition, faite à Paris en* 1674. — L'art de respirer sous l'eau, et le moyen d'entretenir pendant un temps considérable la flamme enfermée dans un petit lieu. *Réimprimé sur la seconde édition in-4 faite à Paris en* 1692. — Extrait de l'ouvrage de M. de Hautefeuille qui a pour titre : Balance magnétique. *Paris*, 1702. — Lettre de M. de Hautefeuille à M. Bourdelot, premier médecin de Mme la duchesse de Bourgogne, sur le moyen de perfectionner l'ouïe, avec deux lettres de M. Perrault, de l'Académie royale des sciences, sur le même sujet. *Réimprimé sur l'édition in-4, faite à Paris en* 1702. — Extrait d'une Dissertation sur la cause de l'écho, par M. de Hautefeuille. — Précis des particularités essentielles de l'instrument acoustique, etc. — G.-M. Raymond. Essai sur la détermination des bases physico-mathématiques de l'art musical. *Paris*, 1813. — Marloye. Catalogue des principaux appareils d'acoustique et autres objets qui se fabriquent chez *Marloye*, etc. *Paris*, 1851. — Lecomte. Compte rendu de l'ouvrage intitulé : Principes de mélodie et d'harmonie réduits à la théorie des vibrations de M. le baron Blein. *Paris*. — Du même : Mémoire explicatif de l'invention de Scheibler, etc. *Lille*, 1856.

373. Recueil d'opuscules, intitulé : *Acoustique, Voix humaine*. 8 opusc. in-8, dem.-rel. mar. violet.

E. Bary. Note sur un procédé simple pour accorder une guitare sans le secours de l'oreille. *Paris*, 1835. — J.-B. Biot. Expériences sur la propagation du son à travers les corps solides et à travers l'air, dans les tuyaux très-allongés. *Paris*, 1808. — A. Cavaillé-Coll. De la détermination du ton normal ou diapason pour l'accord des instruments de musique. *Paris*, 1859. — Tachez. L. Acoustique et Optique des salles de réunions publiques, théâtres et amphithéâtres, etc. *Paris*, 1848. — Pernolle. Mémoire sur les vibrations des surfaces élastiques, etc., avec une planche. *Grasse*, 1825. — F. Strehlke. Ueber die Lage der Schwingungsknoten auf elastichen geraden Stäben, welche transversal schwingen Wenn beide Enden frei sind ; etc. *S. l. s. d.*, in-8. — P. Richard. Notice sur l'invention du laryngoscope ou miroir du larynx, etc. *Paris*, 1861. — La question du diapason au point de vue de l'orgue et du chant liturgique. 1858.

374. Recueil d'opuscules, intitulé : *Battements, Théorie*. In-8, demi-mar. violet.

H. Scheibler. Der physikalische und musicalische Tonmesser... *Essen*, 1834. — Dr J.-J. Loehr. Ueber die Scheibler'sche Erfindung. *Erefeld*, 1836. — H. Scheibler's Schriften über musikalische und physikalische Tonmessung. *Erefeld*, 1838. — A.-J.-H. Vincent. Mémoire sur la théorie des battements, etc. *Paris*, 1849.

375. A. Suremain Missery. Théorie acoustico-musicale, ou de la doctrine des sons. *Paris*, 1793, in-8, demi-v. brun.

376. Dr Heinrich E. Bindseil. Akustik. *Potsdam*, 1839, in-8, demi-v.

377. E.-F.-F. Cladin. Traité d'acoustique, avec 8 planches. *Paris*, 1809, in-8, demi-v. vert.

378. Gallimard. Arithmétique des musiciens. *Paris*, 1754, in-8, d.-rel. v. m.

379. Cagniard-Latour. Considérations diverses sur la vibration sonore des liquides. *Paris*, 1833, in-8, cart.

380. Théorie physiologique de la musique, fondée sur l'étude des sensations auditives, par Helmholtz, trad. par Guéroult. *Paris*, 1868, in-8.

381. Richard Pohl. Akustische Briefe für Musiker und Musikfreunde. *Leipzig*, 1853, pet. in-8.

382. R. Radau. L'Acoustique, ou les phénomènes du son. *Paris*, 1867, in-12.

I ib. VOIX. EFFETS DE LA MUSIQUE SUR LE CORPS HUMAIN.

383. De Actione oratoria, sive de Pronuntiatione et gestu. *Helmstadii*, 1690, pet. in-4, cart.

384. P.-G. Haferung. De morientium cycneo Cantu. *Halæ Magdeb.*, 1747, pet. in-4, cart.

385. Recueil d'opuscules, intitulé : *Études sur la voix*. In-8, d.-rel. mar. violet.

Giov.-B. de Lorenzi. Sull' organo della voce umana memoria, etc. *Vicenza*, 1847. — J. Lesfauris. Origine de la gamme moderne, ou Théorie raisonnée de la musique. *Paris*, 1852. — Physiologie de la voix chantée. *Paris*, *L. Hach.*, 1853. — L. Vaïsse. De la Parole considérée au double point de vue de la physiologie et de la grammaire. *Paris*, 1853. — A. Masson et Longet. Etudes expérimentales sur la voix et sur les causes de la production du son. *Paris*, *V. Masson*, 1852. — A. Masson. Etudes expérimentales sur le mouvement des fluides élastiques, théorie nouvelle des instruments à vent. Broch. in-8. — Du même : Etudes expérimentales des fluides élastiques, théorie nouvelle des instruments à vent.

386. De Kempelen. Le Mécanisme de la parole, suivi de la description d'une machine parlante et enrichi de 27 planches. *Vienne*, 1791, in-8, br.

387. M.-F. Rampont. De la Voix et de la Parole. *Paris*, *an XI* (1803), in-8.

388. Dubroca. Traité des intonations oratoires appliqué à tous les genres d'éloquence, etc. *Paris*, 1810, 1 vol. in-8, br.

389. F. Bemiati. Études physiologiques et pathologiques sur les organes de la voix humaine. *Paris*, 1833, in-8, br.

390. U. Gentelet. Essai pratique sur le Mécanisme de la prononciation. *Lyon*, 1838, in-8.

391. Pierquin de Gembloux. Idiomologie des animaux. *Paris*, 1844, in-8.

392. L.-E. Olivier. Des sons de la parole. *Paris*, 1844, in-8.

393. Recueil d'opuscules : Codronchius et M. Maierus. De vitiis vocis, etc. 1597-1621, in-12, vél.

394. Jo.-W. Albrecht. Tractatus physicus de effectibus musices in corpus animatum. *Lipsiæ*, 1734, pet. in-8.

395. Marquis de Mézières. Effets de l'air sur le corps humain, considérés dans le son, ou discours sur la nature du chant. *Amsterdam*, 1760, pet. in-8.

396. J.-J. Beaux. De l'Influence de la magnétisation sur le développement de la voix et du goût en musique. *Paris*, 1856, in-18.

397. Aug. Laugel. (Bibliothèque de philosophie contemporaine.) La voix, l'oreille et la musique. *Paris*, 1867, in-12.

398. Court de Gebelin. Histoire naturelle de la parole, ou Précis de l'origine du langage et de la grammaire universelle. *Paris*, 1776, in-8, v.

399. M. Maier. Civitas corporis humani, etc. *Francofurti*, 1621, in-12.

400. Madelaine (Stéphen de la). Physiologie du chant. *Paris*, *Desloges*, 1840, pet. in-12.

401. H. Ballande. La Parole, ou l'Art de dire et d'exprimer, appliqué à la causerie, au professorat, etc. *Paris*, 1868, in-12.

1k. MUSIQUE MODERNE. — THÉORIE. MÉLODIE. HARMONIE.

402. Recueil d'opuscules, intitulé : *Acoustique*, *Harmonie*. Gr. in-4, demi-maroq. vert.

Brossard. Théorie des sons musicaux. *Paris*, 1847. — Dall' Aarmi (Giov.). Ristretto di Fatti acustici. *Roma*, 1821. — Viruès (Don J.). Eléments d'harmonie ou le contre-point (trad. de Nunez de Toboado). *Paris*, 1825. — Blein (Baron F.-A.-A.). Principes de mélodie et d'harmonie. 1834. — Revue musicale. Extraits. — Encyclopédie pittoresque de la musique.

403. Recueil de treize opuscules, intitulé : *Acoustique*, *Musique*. Gr. in-4, demi-maroq. vert.

M. le baron de Prony. Instruction élémentaire sur les moyens de calculer les intervalles musicaux, etc., etc. *Paris*, 1832. — J. Covyn. Dissert. physica de Sono. *Trajecti ad Rhenum*, 1715. — J.-A.-K. Collizzi. De Sono. *Lugd. Batav.*, 1774. — W. Drobisch. Ueber Musikalische Tonbestimmung und Temperatur. *Leipzig*, 1852. — E. Bodii. Traité complet et rationnel des principes élémentaires de la musique. *Paris*, 1850. — M. Daniel. Méthode simplifiée pour l'enseignement de la musique vocale. *Lille*, 1853. — J. Barlet. Éléments de musique. *Arras*, 1857. — Du même : Note sur l'élévation progressive du diapason des orchestres, depuis Louis XIV jusqu'à nos jours. — J. Lissajous. 8 opuscules : Note sur un appareil simple qui permet de constater l'interférence des ondes sonores. — Étude optique des mouvements vibratoires. 1856. — Note sur un cas particulier de stéréoscopie fourni par l'étude optique des mouvements vibratoires.

404. Jo. Froschius. Rerum musicarum Opusculum rarum, etc. *Argentorati*, 1532, p. in-fol.

405. P. Aron. Toscanello in musica di messer Pietro Aron, Fiorentino. *Vineggia*, 1539, p. in-fol.

406. Salomon de Caus. La Perspective, avec la raison des ombres et miroirs. *Londres*, 1612, in-fol. demi-rel.

407. — Institution harmonique divisée en deux parties : 1° les proportions des intervalles harmoniques; 2° leurs compositions. *Francfort*, 1615, 1 vol. in-fol. demi-rel.

Dans le même volume on a ajouté le 3e livre des *Raisons des forces mouvantes traitant de la construction des orgues*.

408. — La Pratique et démonstration des horloges solaires, etc. *Paris*, 1624, 1 vol. in-fol. veau.

Dans le même volume la *Géométrie pratique de Pomodoro* (démontrée en 44 planches) en italien, sans titre, mais avec une dédicace à Vincent de Gonzague, par Giov. Martinelli. Plus 6 pl. de Giov. Siala.

409. F. Marin Mersenne. Harmonie universelle, contenant la théorie et la pratique de la musique. *Paris*, 1636, in-fol. veau.

410. — Harmonicorum libri XII, in quibus agitur de sonorum natura, etc., editio aucta. *Lutetiæ Parisiorum*, 1648, in-fol.

411. Athanasii Kircheri Musurgia universalis, sive ars magna consoni et dissoni in X libros digesta. *Romæ*, 1650, 2 vol. in-4, veau.

412. Jordani Nemorarii Arithmetica. — Jacobi Fabri Stapulensis Elementa musicalia. — Ejusdem Epitome in libros arithmeticos Sev. Boethii. — Ejusdem Rhythmi Machieludus. *S. l.*, 1496, in-fol. demi-veau.

413. A. Kircheri Obelisci ægyptiani nuper inter Fori Romani rudera interpretatio hieroglyphica. *Romæ*, 1666, in-fol.

414. — Ars magna sciendi, in XII libros digesta. *Amsterdam*, 1669, 1 vol. in-fol. peau de truie.

415. — Ars magna lucis et umbræ, in X libros digesta. *Amstelodami*, 1671, in-fol. un gros vol. rel. vél.

416. — Phonurgia nova, sive conjugium mechanico-physicum artis et naturæ paranympha phonosophia, etc. *Campidonæ*, 1673, in-fol. veau.

417. — Sphinx mystagoga. *Amsterdam*, 1676, in-fol. veau.

418. — Turris Babel, sive Archontologia priscorum post diluvium hominum vitæ, mores rerumque gestarum magnitudo, turris fabrica, etc. *Amsterdam*, 1679, in-fol.

419. Fra Giovanni d'Avella. Regale di musica. *Roma*, 1657, in-fol. demi-rel. v.

420. R. P. Mauritio Vogt. Conclave thesauri magnæ artis musicæ. *Vetero-Pragæ*, 1719, 1 vol. in-4, demi-rel. parch.

421. F. A. A. Sabbatini. La Vera Idea delle musicali numeriche, etc. *Venezia*, 1789, in-fol. demi-rel.

422. Levesque et Bêche. Solféges d'Italie, avec la basse chiffrée, composés par Leo, Durante, Scarlatti, Hasse, etc. *Paris*, *s. d.*, in-fol. oblong, veau vert.

423. Ant. Reicha. Cours de composition musicale. *Paris*, 1 vol. in-fol. rel. parch.

424. Thiessé. Principes élémentaires de musique pratique et solféges italiens. *Paris*, 1 vol. in-fol. demi-rel. parch.

425. Træstler. Traité général et raisonné de la musique, dédié à la mémoire de Gluck, de Mozart, de Haydn et de Dussek. *Paris*, in-folio, cartonnage rouge.

426. Catel. Traité d'Harmonie. *Paris*, an x, in-fol.

427. La Clef de l'harmonie, ou le Développement du clavier; nouvelle méthode. (Expression des accords par les cinq voyelles.) *Paris*, *s. d.*, cahier in-fol. oblong.

428. C. Orlandini. Dottrina musicale esposta in sei ragionamenti scientifici. Opera dedicata al maestro Gio. Rossini. *Bologna*, 1844, in-4, demi-rel. en basane.

429. Fux. Traité de composition musicale, traduit en français par le s[r] Pietro Denis. *Paris*, *s. d.*, gr. in-4, br.

430. Recueil d'opuscules, intitulé : *Musique. Opuscules variés.* P. in-4, demi-mar. violet.

Gibel (Otton). Propositiones mathematico-musicæ, etc. 1666. — Abdia Trew et Mayer. Disputatio musica de divisione monochordi. *Altorf*, 1662. — Verckmeister (André). Hypomnemata musica. *Quedlinburg*, 1697. — Organum gruningense redivivum. *Quedlinburg*, 1705. — Musikalische paradoxal discourse. *Quedlinburg*, 1707. — Musicus und organista. — *Quedlinburg*, 1706. — Beehren (Johann). Bellum musicum. *Weimar*, 1701. — Bendelern (J.-P.). Directorium musicum. *Helmstadt*, 1706. — Neidhartdts (J.-G.). Temperatur des monochordi. *Iéna*, 1706. — Preus (G.). Observationes musicæ. *Greiffswald*, 1706. — Jussov (J.-A.). De Cantoribus ecclesiæ V. et N. T. *Helmstadt*, 1708. — Buttstett (J.-H.). Ut, mi, sol, ré, fa, la, tota musica et harmonia æterna. *Erfurt*.

430 *bis*. Recueil d'opuscules, intitulé : *Bononcini et P. Gasparini*. 1 vol. in-4, demi-rel. mar. vert.

G.-M. Bononcini. Musico prattico. *Bologna*, 1688, p. in-4. — Francesco Gasparini. L'Armonico pratico al cimbalo. *Venezia*, 1729.

431. Recueil d'opuscules, intitulé : *Acoustique*, *Musique*. In-4, demi-maroq. vert.

Du Bois (God.). Dissertatio philosophica inauguralis de Sono. *Lugdunt Batavorum*, 1725. — Euler (L.). Conjectura physica circa propagationem soni ac luminis. *Berolini*, 1750. — Kaestner (A.-G.). Pinnarum quibus pila tundentia elevantur Consideratio geometrica. 1771. — Meister (A.-L.-F.). De veterum hydraulo. 1771. — Schiassi (F.). Del temperamento per l'accordatura del gravicembalo e dell' organo Dissertazione. *Bologna*, 1832. — Despretz (C.). Observations sur la limite des sons graves et aigus. 1845.— Young (Walter). An Essay on rythmical measures. 1786.

432. Raparlier. Principes de musique, les agréments du chant, etc. *Lille*, 1772, in-4, demi-veau.

433. Stephanus Vanneus. Recanetum de musica aurea. *Romæ*, 1533, 1 vol. in-4, demi-rel.

434. De Béthiosi. Exposition de la théorie et de la pratique de la musique, suivant les nouvelles découvertes; 2e édit. *Paris*, 1764, in-8, 1 vol. veau.

435. Rameau. Traité de l'harmonie. *Paris*, 1722, in-4, veau.

436. L'abbé Lacassagne. Traité général des éléments du chant. *Paris*, 1766, in-4, parchemin vert.

437. Lemme Rossi, Perugino. Systema musico, overo musica speculativa, in-4.

438. Musice active micrologus Andree Ornitoparchi. *Lipsiæ*, 1519, 1 vol. p. in-4, demi-rel. v. m.

439. V. Wollici Barroducensis Enchiridion musices. *Paris*, 1512, in-4, demi-rel.

440. Opus aureum musice castigatissimum. (Même ouvrage que l'*Enchiridion musices*.) — (A la main : *Coloniæ*, 1505), p. in-4, cartonnage.

441. Jo. Cocleus Noricus. Tetracordum musices. *Nurnbergæ*, 1512, 1 vol. pet. in-4, demi-rel. v.

442. Friedrich Wilhelm Marpurg. Anleitung Sing composition. *Berlin*, 1758, in-4, demi-veau brun rouge.

443. Giamb. Mancini. Riflessioni pratiche sul canto figurato. *Milan*, 1777, in-4, cartonnage.

444. Renati Descartes Musicæ Compendium. *Amsterdam*, 1683, in-4, cartonné.

445. Pietro Mengoli. Speculationi di musica. *Bologne*, 1670.

446. Margarita philosophica, rationalis, moralis philosophicæ principia, duodecim libris dialogice complectens. (Liv. v, traité de musique.) *Basileæ*, 1535, in-4, veau violet.

447. Ott. Sigf. Harnish. Artis musicæ delineatio. *Francofurti*, 1608, in-4, br.

448. Giuseppe Tartini. De' Principi dell' armonia musicale. *In Padova*, 1767, in-4.

449. C. G. Testori. La Musica ragionata. *Vercelli*, 1767, in-4, cartonné.

450. H.-M. Berton. Traité d'harmonie. *Paris*, in-4, demi-rel. veau.

451. H. Berton. Dictionnaire des accords. 1 vol. in-4, cart. vert, dos en parch.

452. H. Berton. Recueil de seize canons grivois. *Paris, sine anno*, in-4, demi-v. vert.

453. F. Mar. Mersenni. 1° Cogitata physico-mathematica. *Parisiis*, 1644. — 2° Hydraulica, Pneumatica, arsque navigandi. — Harmonia theorica, practica et mechanica phænomena. 1644. — 3° Tractatus mechanicus, theoricus et practicus. 1644. — 4° Ballistica et acontismologia. 1644. — 5° Universæ geometriæ mixtæque mathematicæ synopsis, et bini refractionum demonstratarum tractatus. 1644, 5 pièces en 2 vol. in-4, v.

454. Fragment de l'Encyclopédie (musique). In-fol. br.

455. C. Durutte. Esthétique musicale : Technie ou lois générales du système harmonique. *Metz*, 1855, in-4, demi-mar. vert.

456. Baillière. Théorie de la musique. *Paris*, 1764, in-4, demi-v.

457. Leonardi Euleri Tentamen novæ theoriæ musicæ ex certissimis harmoniæ principiis dilucide expositæ. *Petropoli*, 1739, in-4, demi-v. brun.

458. Le Rév. P. Gennaro Catalisano. Grammatica, — Armonica fisico-mathematica ragionata su i veri principii fondamentali teorico-pratici, etc. *Roma*, *Giunchi*, 1781, gr. in-4 (rel. en parch.).

459. A. Bertalotti. Solfeggi a canto e alto, etc. ; nuova edizione con aggiunta degli elementi del solfeggio, e de' Terzetti. *Bologna*, 1764, in-4, cahier oblong.

460. De La Voye Mignot. Traité de musique, augmenté d'une quatrième partie; 2e édit. *Paris*, 1666, in-4, cart.

461. P.-B. Zacc. Tevo. Il Musico Testore. *Venezia*, 1706, in-4.

462. Ed. Bartolomeo Gregori. Lettioni per noteggiare a voce sola, etc. *In Lucca*, 1702, in-4 oblong.

463. Recueil d'opuscules, intitulé : *Théorie musicale*. In-8, d.-rel. mar. violet.

J. Martin d'Angers. Grammaire musicale ou introduction à tous les solféges. *Paris*, 1847. — Maleden. Les sept clefs rendues faciles. — P.-L. Mer-

cadier. Essai d'instruction musicale à l'aide d'un jeu d'enfant. *Paris*, 1855. — D. Deloche. Théorie de la musique déduite de la considération des nombres relatifs de vibrations. *Paris*, 1857. — Danel. Méthode simplifiée pour l'enseignement populaire de la musique vocale; 2e éd. *Lille*, 1857. — E.-F. Richter. Die Grundzüge der musikalischen Formen und ihre Analyse, etc., etc. *Leipzig*. 1852. — Du même ; Die Elementarkenntnisse zur Harmonielehre u. zur Musikalverstand. *Leipzig*, 1852, in-8. — A. de La Fage. Lettera intorno all' introduzione del metodo Wilhem, nelle scuole di Torino. *Milano*, 1846.

464. Recueil d'opuscules, intitulé : *Théorie musicale*. In-8, d.-rel. vert.

F. Gasparini. L'Armonico pratico al cembalo. *In Venezia*, 1802. — A. Panseron. Solfége à deux voix sans accompagnement de piano. *Paris*, *s. a.* — De Rambures. Sténographie musicale, ou méthode simplifiée pour l'enseignement, etc., de la musique et du plain-chant, 1843. — Le Franc. Rapport sur la sténographie musicale, ou méthode, etc., de M. de Rambures. —P. Decuppis. Cronaca estratta dal Salvator Rosa di Napoli. *Napoli*, 1846, in-12. — L.-D. Henry. Mémoire explicatif du cadran musical transpositeur. *Lille*, 1862.

465. Nic. Listenius. Musica ; nouv. édit. *Norimbergæ*, 1549, in-8, cart. gris.

466. Bemetzrieder. Traité de musique concernant les tons, etc. *Paris*, 1776, in-8, v.

467. G. Gervasoni. La Scuola della musica in tre parti divisa con gli esempj della scuola musica del medesimo autore. *Piacenza*, 1800, 2 vol. gr. in-8, dem.-mar.

468. — Nuova Theoria di musica ricavata dall' odierna pratica, ossia metodo sicuro e facile in pratica per ben apprendere la musica a cui si fanno precedere varie notizie storico-musicali. *Parma*, 1812, gr. in-8.

469. — Esempj della scuola della musica. *Mino*, in-8, dem.-mar. la Vallière.

470. J. Jacotot. Enseignement universel. — Musique. *Louvain*, 1824, in-8.

471. A.-J. Morel. Principe acoustique nouveau et universel de la Théorie musicale, ou Musique expliquée. *Paris*, 1816, gros in-8.

472. Observations sur la seule vraie théorie de la musique de M. de Momigny. *Paris*, *Bachelier*, 1822, in-8.

473. B. Wilhem. Guide de la méthode, ou instructions pour l'emploi simultané des tableaux de lecture musicale et du chant élémentaire. *Paris*, 1835, in-8, br.

474. — Manuel musical (1er cours). *Paris*, 1842, in-8, demi-rel. v.

475. Le Sueur. Exposé d'une musique une, imitative et particulière à chaque solennité. *Paris*, 1787, in-8, v. marb. dor. sur tr.

476. Florido Tomeoni. Théorie de la musique vocale, etc. *Paris*, *an VII*, in-8, demi-v. fau.

477. A.-D.-R. Borghèse. L'Art musical ramené à ses vrais principes, etc. *Paris*, 1786, in-8.

478. Keller (F.-A.-E.). Méthode d'improvisation musicale, théorique et pratique. *Paris*, 1839, in-8, d.-rel. v. mar.

479. Choquet. Méthode pour apprendre facilement la musique, ou la musique rendue sensible par la mécanique. *Paris*, 1782, in-8, demi-rel. v. m.

480. D'Alembert. Élémens de musique théorique et pratique suivant les principes de Rameau. *Lyon*, 1762, in-8, v.

481. O'Donnelly, trad. A. de Cressier. Méthode de musique élémentaire, etc.; 2e édit. *Paris*, 1856, in-8.

482. Bérard. L'Art du chant, dédié à Mme de Pompadour. *Paris*, 1755, in-8, demi-rel. mar. noir.

483. Rameau. Démonstration du principe de l'harmonie. *Paris*, 1750, in-8, v.

484. Bemetzrieder. Nouvel Essai sur l'Harmonie, suite du Traité de musique. *Paris*, 1779, in-8.

485. Jérôme-Joseph de Momigny. Cours complet d'harmonie et de composition. *Paris*, *an XI* (1803), 3 vol. in-8, d.-rel. v.

486. Gaspare Selvaggi. Trattato di armonica. *Napoli*, 1823, in-8, dem.-rel. v. m.

487. E.-M. Grétry. Méthode simple pour apprendre à préluder en peu de temps avec toutes les ressources de l'harmonie. *Paris*, *an X*, 2 vol. in-8, cart.

488. L'abbé Roussier. Traité des accords et de leur succession, selon le système de la basse fondamentale, avec les exemples. *Paris*, 1764, 2 vol. in-8, v.

489. — Observations sur différents points d'harmonie. *Genève*, 1755, in-8. dem.-v.

490. Serre. Essais sur les principes de l'harmonie. *Paris*, 1753, in-8, v.

491. Victor Derode. Introduction à l'étude de l'harmonie. *Paris*, 1828, f. in-8.

492. J.-B. Pastou. École de la Lyre harmonique. Cours de musique vocale, ou Recueil méthodique des leçons de J.-B. Pastou. *Paris*, 1822, in-8, rel. en cart.

493. J.-Georges Albrechtsberger, trad. de l'allemand par Choron. Méthode d'harmonie et de composition à l'aide de laquelle on peut apprendre soi-même à composer toute espèce de musique. *Bordeaux*, 1830, 2 vol. in-8, br.

494. Ferd. Hiller. Uebungen zum Studium der Harmonie und des Contrapunktes. *Köln*, 1860, in-8.

495. S. Bertezen. Principj della musica. *Londra*, 1781, in-8.

496. B. Asioli. Principj elementari di musica adottati dal R. conservatorio di Milano per le ripetizioni giornaliere degli alunni. *Milano*, 1811, in-8, dos perc. brune.

497. Don Sinibaldo de Mas. Systema musical de la lengua castellana. *Paris*, 1847, in-8.

498. M. Mercadier de Belesta. Nouveau Système de musique théorique et pratique. *Paris*, 1776, in-8, dem.-v. vert.

499. G.-M. Raymond. Lettre à M. Villoteau, touchant ses vues sur la possibilité et l'utilité d'une théorie exacte des principes naturels de la musique, suivie d'un mémoire et de quelques opuscules (sur la musique religieuse). *Paris*, 1811, in-8, br.

500. Benedetto Marcello. Il Teatro di musica allo modo di... nov. ed., corretta, etc. *Firenze*, 1841, in-8, cart.

501. Gamard. Recherches sur la théorie de la musique. *Rouen*, 1769, in-8.

502. Hauptmann. Die Natur der Harmonik und der Metrik. *Leipzig*, 1853, 1 vol. in-8.

503. Abdia Trew. Directorium mathematicum (musique). *Nuremberg*, 1657, p. in-4.

504. Recueil d'opuscules sur la musique, in-12, demi-maroq. vert clair.

Quicherat (L.). Traité élémentaire de musique. *Paris*, 1833. — Manuels des tableaux de musique. *Paris*, 1835. — Laboureau (P.). Théorie de lecture musicale, suivie d'un Traité du plain-chant. *Paris*, 1844. — Raverdit. Deux Mots sur la musique, 3e édit. *Paris*, 1842. — Estève. Nouvelle découverte du principe de l'harmonie. *Paris*, 1751.

505. Nicolaus Listenius. Musica ab autore denuo recognita. *Norimbergæ*, 1549, p. in-8. — Vinceslas Philomathes. De nova domo musicorum libri IV compendioso carmine elucubrati. *Vitebergæ*, 1534, p. in-8, 2 part. en 1 vol.

Avec planches gravées sur bois.

506. Recueil d'opuscules, intitulé : *Théorie musicale*, 1 vol. in-12, demi-maroq. fauve.

C.-F. Michaelis. Ueber den Geist der Tonkunst, mit Rucksicht auf Kants Kritik der ästhetischen Urtheilskraft. 2 parties. *Leipsig*, 1800. — A.-L. Crelle. Einiges uber musicalischen Ausdruck und Vortrag für Forte-piano-Spieler zum Theil auch für andere ausübende Musiker. *Berlin*, 1823. — L. Lefébure. Nouveau Solfége. *Venise*, 1780. — Principes élémentaires de musique, etc., de plain-chant, etc. *Rennes*.

507. Johannis Henrici Alstedii Methodus admirandorum mathematicorum. *Herbonæ Nassoviorum*, 1613, 1 vol. vélin. in-12.

Ce volume et le suivant renferment une partie relative à la théorie musicale.

508. Johan. Henrico Alstedio auctore. Methodus admirandorum mathematicorum novem libris exhibens universam mathesin. *Herborn*, 1611, pet. in-8, vélin.

509. J. Cruger. Synopsis musica. *Berolini*, 1624, 1 vol. in-24.

510. F. Marin Mersenne. La Vérité des sciences contre les sceptiques ou Pyrrhoniens. *Paris*, 1625, in-12, demi-veau.

511. De Sermes (P. Mersenne). Traité de l'harmonie universelle, 1er et 2e livres. *Paris*, 1627, in-12.

512. Le P. Mersenne. Questions inouïes, ou Récréation des sçavans.... sur la théologie, la philosophie et les mathématiques. *Paris*, 1634, in-12, veau brun.

513. — Questions harmoniques... sur la physique, la morale et autres sciences. *Paris*, 1634, in-12.

514. — 1° Les Questions théologiques, physiques, morales et mathématiques, où chacun trouvera du contentement et de l'exercice, composées par le P. M. *Paris*, 1634. — 2° Les Méchaniques de Galilée, mathématicien, etc., traduites de l'italien par L. P. M. *Paris*, 1634. — 3° Les Préludes de l'harmonie universelle, ou Questions curieuses utiles aux prédicateurs, aux théologiens, aux astrologues, aux médecins et aux philosophes, composées par L. P. M. *Paris*, 1634. — 3 p. en 1 vol. p. in-8, vélin.

515. Les Nouvelles Pensées de Galilei, mathématicien. *Paris*, 1639, in-12, vélin.

516. P. Petri Galtruchii Aurelianensis, Philosophiæ ac mathematicæ totius clara, brevis, etc., Physica particularis. *Cadomi*, 1665, pet. in-8. — Mathematica (musique). *Cadomi*, 1665, p. in-8, veau.

517. Le sieur de La Croix. L'Art de la poésie française et italienne, avec une idée de la musique sous une nouvelle méthode. *Lyon*, 1694, in-12, maroquin rouge, doré sur tr.

518. Johannes Quirsfelden. Breviarium musicum. *Dresde*, 1702, in-12, demi-veau.

519. W. G. Printzen. Compendium musicæ (allemand). *Dresde*, 1689, in-12.

520. L'Art de transposer toute sorte de musique sans être obligé de connaître le ton ni le mode, etc. *Paris*, 1711, in-12, vélin.

521. Blanchet. L'Art ou les principes philosophiques du chant; 2e édit. *Paris,* 1756, 1 vol. in-24, demi-rel. v. marr.

522. Abbé O'Donnelly. The Academy of Elementary music containing a lucid exposition of the theory and basis of the practice, etc. *London,* 1841, 1 vol. broché, in-8.

523. J.-J. Rousseau. Projet concernant de nouveaux signes pour la musique. *Paris,* 1782, 1 vol. in-12, demi-rel.

524. Lenain. Élémens de musique, ou Abrégé d'une théorie, etc. *Paris,* 1766, pet. in-8, v.

525. Turbri. Cours complet d'harmonie, dédié à Me de Vogüé. *Paris,* 1830, p. in-8 obl.

526. Fétis. La Musique mise à la portée de tout le monde, etc.; 2e éd. *Paris,* 1834, in-8, cartonné.

527. — Curiosités historiques sur la musique, complément nécessaire de la Musique mise à la portée de tout le monde. *Bruxelles,* 1830, in-8.

528. Ad. Le Dhuy. Maître Pierre, ou le Savant de village. — Entretiens sur la musique. *Paris,* 1834, in-24.

529. — Traité de musique, théorie. *Paris, s. d.*, in-12, demi-cartonnage rouge.

530. J.-D. Fonvielle. Principes de lecture et de sciences naturelles (partie relative à la musique). *Nîmes,* 1858, in-12.

I k'. LUTHERIE.

531. Recueil d'opuscules, intitulé : *De Prony. Instruments d'Érard.* In-fol. demi-maroq. grenat.

Perfectionnements apportés dans le mécanisme du piano par les Erard. *Paris,* 1834. — Le Piano d'Erard à l'exposition de 1844. *Paris,* 1844. — P. Evrard. The Harp. *London,* 1821.

532. Le père Bonanni. Description des instruments harmoniques en tout genre, revue, corrigée et augmentée, par l'abbé Hyacinthe Ceruti, avec 150 planches. *Rome,* 1776, 1 vol. in-4, vélin, doré.

533. Borjon. Traité de la Musette. *Lyon,* 1672, 1 vol. in-4, rel. veau.

534. V. Molard et Tripier. Traité élémentaire de musique appliquée. Méthode de piano. *Paris,* 1855, g. in-4.

535. Le Père Engramelle. La Tonotechnie, ou l'Art de noter les cylindres et tout ce qui est susceptible de notage dans les concerts méchaniques. *Paris,* 1775, in-8, veau.

536. Prony. Rapport sur la Harpe à double mouvement de Sébastien Erard (1815). *Paris*, 1834, in-4.

537. Aëdologie, ou Traité du rossignol franc ou chanteur. *Paris*, 1751, 1 vol. in-8, veau.

538. Hotteterre-le-Romain. Principes de la flûte traversière ou flûte d'Allemagne. *Paris*, 1720, in-4, demi-veau.

539. N. Fourneaux. Traité théorique et pratique de l'accord des instruments à sons fixes. *Paris*, *s. d.* (1867), in-8, br.

540. J.-C. Hervieux de Chanteloup. Nouveau Traité des serins de Canarie. *Paris*, 1766, in-16, rel. veau.

541. M***. Dissertation sur la vielle, avec une digression sur l'histoire de la musique anc. et moderne. *Paris*, 1741, 1 vol. in-12, demi-rel. v. m.

542. Andres de Soton. Arte para aprender con facilidad a temptar... la Guitarra, etc. *S. l. n. d.*, in-12, carré.

543. Hubert Le Blanc. Défense de la basse de viole contre les entreprises du violon et les prétentions du violoncel. *Amsterdam*, 1740, p. in-12, demi-maroq. rouge.

544. Giorgio di Roma. Manuel de l'accordeur, avec planches. *Paris*, 1834, in-12, demi-reliure basane rouge.

II. MUSIQUE MODERNE. — HISTOIRE MUSICALE. CRITIQUE. BIBLIOGRAPHIE.

545. Recueil d'opuscules, intitulé : *Archéologie musicale*, gr. in-4.

S. Stehlin. Die Naturgesetze im Tonreiche, etc. 1852. — H. Oberhoffer. Der Gregorianische Choral, etc. *Trier*, 1852. — J.-Fr. Taglichsbeck. Die musikalischen Schutze der St-Katharinenkirche. *Brandeburg*, 1857. — Didron aîné. L'Office du XIIIe siècle tiré d'un ms. original et inédit. *Paris*, 1853. — E. de Coussemaker. L'Harmonie au moyen âge, *Orientis partibus*, à trois parties. 1857. — St. Morelot. De la Musique au XVe siècle. Notice sur un manuscrit de la bibliothèque de Dijon. *Paris*, 1856. — Vitet. Histoire de l'harmonie au moyen âge, par M. de Coussemaker. 1853.

546. Joh. Henr. Alstedius. Encyclopædia septem tomis distincta. *Herbonæ Nassoviorum*, anno M. D. C. XXX, grand in-fol. rel. veau noir.

547. C. F. Becker. Systematisch chronologische Darstellung der musikalischen Literatur... (avec appendice). *Leipzig*, 1836, 2 vol. in-4, cart.

548. H. Kühnholtz. Des *Spinola* de Gênes et de la Complainte depuis les temps les plus reculés jusqu'à nos jours. — Complaincte de Gennes. *Paris*, *Montpellier*, 1852, in-4.

549. A. de la Fage. Diphthérographie (Essais de), 1 vol. in-8, avec atlas gr. in-8. *Paris*, 1864, in-8.

550. Encyclopédie pittoresque de la musique. *S. l. n. d.*, gr. in-4, cartonné Bradel.

551. Recueil d'opuscules, intitulé : *Opuscules d'histoire musicale, etc.* In-4, dem.-maroq. rouge.

N. Betti. Musica filologica. *Milano, s. a.* — G. Jöcher. Effectus musices in hominem. *Lipsiæ*, 1714. — Jo.-Chr.-H. Seidelius. De musicæ morumque Cognatione. *Altorfii*, 1765. — Em. Wenster. Dissertatio de vi musicæ in homines. *Lundæ*, 1805. — C.-Fr. Rattwitz. De Descriptione typis confecta cum in genere, tum quod signa musices in specie ex naturali potissimum jure deductæ. *Lipsiæ*, 1828. — Abr. Kaestner. De Icto musico. *Lipsiæ*, 1740. — Michaelis. Ueber die Musik einiger wilden und halb cultivirten Volker. *Leipzig*, 1814. — Etwas über die Musik der Gaëlen. 1823. — Coelln. Ueber Römische Musik. *Leipzig*, 1834. — Rochlitz. Commentatiuncula in usum Delphini (Critique musicale en allemand). *Leipzig*, 1864, in-4. — G. Pressel. Die Musik der Ungarn. Extraits, 1852. — Fr. Bellermann. Zur Feier des Wohlthater Festes in berlinischen Gymnasium zum grauen Kloster. *Berlin*, 1856.

552. Recueil d'opuscules, intitulé : *Histoire et biographie musicales*. In-4, demi-maroq. noir.

Jo. Dryden emend. Jo. Hughes. Alexandri festum sive vis musica. *Oxonii*, 1751. — Dr Cramer. De musica Colloquium. *Emmerich*, 1858. — R.-G. Kiesewetter. Guido von Arezzo, sein Leben und Werken. *Leipzig*, 1840. — Louis Roger. Frédéric Viret. *Paris*, 1863. — D. Denne-Baron. Adrien de La Fage. *Paris*, 1863. — Normand, dit Théodore Nisard. Monographie littéraire et musicale de Théodore Nisard, 1864, in-8.

553. D. Thomaso Yriarte. La Musica, poema trad. dal castigliano dall' abate Antonio Garzia. *Venezia*, 1789, in-4, dem.-maroq. rouge.

554. In hoc libello continentur : 1. Liber heroicus de Musicæ laudibus. — 2. Carmen Sapphicum de laude et situ Ulmæ... — 3. Oratiunculæ sex ad personas quæ nostræ redemptioni interfuerunt. — 4. Quæstio quædam IV anni partes cum studiis suis complectens. — 5. Elegiæ duæ... (de B. Maria Virgine...), op. Boemi. (*Ulmæ*, 1515.) In-4, 1 plaquette maroq. rouge.

555. De Blainville. Histoire générale, critique et philologique de la musique, dédiée à Mme la duchesse de Villeroy. *Paris*, 1767, in-4, demi-mar. rouge.

556. D. Ant. Eximeno. Dell' origine e delle regole della musica colla storia del suo progresso. *Roma*, 1774, in-4.

557. A. de la Fage. La première orange sanguine. *Paris*, 1854, gr. in-8, dem.-mar. rouge.

Tiré à 30 exempl. ; portrait de l'auteur.

558. Encyclopédie méthodique, Musique. 2 vol. de texte, 1 vol. de planches. *Paris*, 1791, 3 vol. in-4.

559. J.-J. Rousseau. Dictionnaire de musiqne. *Paris*, 1768, in-4, dem.-v.

560. Encyclopédie méthodique. Lutherie. (Art du faiseur d'instruments de musique.) 1 vol. de texte, 1 vol. de planches, 2 vol. in-4, cart. viol.

561. Mizler et Oschmann. Musica scientia, Pars eruditionis philosophicæ. *Lipsiæ*, 1734, in-4.

562. Jo. Christ. Wagenseilii de Sacri rom. imp. libera civitate Noribergensi commentatio. *Altdorfii*, 1697, in-4, demi-vel.

563. A. Barbereau. Études sur l'origine du système musical. *Paris et Metz*, 1852, in-4. (1er *mémoire.*)

564. Histoire de la Chanson. *Paris*, *s. d.*, pet. in-4, avec portraits.

565. Recueil de seize opuscules, intitulé : *Histoire de la musique*. In-8, demi-mar. grenat.

Bottée de Toulmon. Cinq opuscules, savoir : Des Puys de palinods au moyen âge, en général, et des puys de musique, en particulier. *Paris*, 1838.— Discours sur l'histoire de l'art musical depuis le commencement de l'ère chrétienne jusqu'à nos jours; 2e édit. *Paris*, 1835.— Observations sur les moyens de restaurer la musique religieuse dans les églises de Paris. *Paris*, 1841, suivies d'une lettre sur le même sujet, 1845.— Des Instruments de musique au moyen âge. *Paris*, 1838.—Dissertation sur les instruments de musique au moyen âge, avec notes mss. *Paris*, 1844.—Barthélemy (J.-J.). Entretiens sur l'état de la musique grecque vers le IVe siècle avant J.-C. *Amsterdam*, 1777. — Bonnin et Chassant. Puy de musique érigé à Evreux en l'honneur de Sainte-Cécile. *Evreux*, 1838.— Journal de musique, 1770. 1° Origine des notes de musique; 2° Instruments de musique chez les anciens; 3° Duo de violon par Léonard de Vinci.—Bottée de Toulmon. Rapport sur une publication de musique ancienne. *Paris*, 2e édit. — Lerminier. Six Airs. 1836. — Schlegel (A.-W). Sur Dante, Pétrarque et Boccace. *Paris*, 1836. — Ampère (J.-J.). Des Bardes chez les Gaulois et les autres nations celtiques, 1836. — Ch. Labitte. Ecrivains précurseurs du siècle de Louis XIV. I. Gabriel Naudé. *Paris*, 1836, in-8. — Edgar Quinet. Des poëtes épiques; l'époque latine. *Paris*, 1836.

566. Recueil d'opuscules, intitulé : *Musique*, *Opusc.* In-8, demi-mar. bleu.

Asioli (B.). Dialoghi sul trattato di armonia. *Milan*, 1814. — Boëly. Les véritables causes dévoilées de l'état d'ignorance des siècles reculés dans lequel rentre visiblement aujourd'hui la théorie pratique de l'harmonie, etc. *Paris*, 1806.— Le Partisan zélé du célèbre fondateur de l'harmonie, etc. *Paris*, 1806. Latour de Franqueville (Mme). Errata de l'Essai sur la musique ancienne et moderne. 1780.

567. Recueil d'opuscules, intitulé : *Histoire musicale, Denne-Baron, etc.* 11 opuscules en 1 vol. in-8, d.-rel., mar. v.

D. Denne-Baron. Notices sur Gluck, Grétry, Hucbald, Lassus, Lesueur, Guido d'Arezzo, Lulli, Méhul, Mozart, Chérubini. *Paris*, 1857-61. — P. Charreire. Aperçu philosophique sur la musique. *Paris*, 1860, in-8.—

Bottée de Toulmon. Dissertations sur les instruments de musique employés au moyen âge, in-8.

568. Recueil d'opuscules, intitulé : *Histoire, critique et biographie musicales*. In-8, demi-mar.

Emma Chuppin. De l'État de la musique en Normandie depuis le IXe siècle jusqu'à nos jours. *Caen*, 1837. — Tertull. Celoni. Compendio storico della musica antica e moderna. *Firenze*, 1842. — R.-G. Kiesewetter. Der neuen Aristoxener. *Leipzig*, 1846. — Leclerc. Rapport sur l'établissement d'écoles spéciales de musique. *Paris*, *an VII*. — J.-F.-R. (Ruphy). De la Mélomanie et de son influence sur la littérature. *Paris*, 1802. — J.-A. Delaire. Notice sur Reicha, musicien, compositeur et théoriste. *Paris*. 1837, in-8. — F.-J. Fétis. Ad. Sax (Extrait). *Paris*, 1864.

569. Recueil d'opuscules, intitulé : *Histoire musicale*, *critique, etc.* In-8, d.-rel. mar. v.

J.-G.-Ed. Bertrand. Etude sur l'Alceste de Gluck. *Paris*, 1861. — E. Brendel. Grundzuge der Geschichte der Musik. *Leipzig*, 1855. — E. Duval. Un article de la Biographie universelle des musiciens par M. F.-J. Fétis. *Malines*, 1862, in-8. E. Fillonneau. Les Concerts de Paris. Revue de la saison musicale. *Paris*, 1860. — Léon Halévy. F. Halévy, sa vie et ses œuvres. *Paris*, 1862, in-8. — Laurent Rivoire. De la Musique et de la Peinture, de leurs effets sur les hommes en général et de leur influence sur les mœurs ; 2e édit. *Milan*, 1833. — C. Tajan-Rogé. A M. Fétis. Fausses notes : les Anabaptistes et M. Félicien David. Le Saint-Simonisme et la musique. *Paris*, 1862. — Xavier Van Elewyck. Mathias Van den Gheyn, le plus grand organiste, etc. et les plus célèbres fondeurs de cloches de ce monde, etc. *Paris*, 1862. — H.-J. Vincent. Neues musikalisches System ! *Leipzig*, 1862. — Dr Constant von Wurzbach. Joseph Haydn und sein Bruder Michael. *Wien*, 1861.

570. Recueil de sept opuscules, intitulé : *Méthode Galin-Paris-Chevé*. 1858-1861, in-8, d.-rel. t. f. vert végétal.

571. Recueil d'opuscules, intitulé : *A. de la Fage*. In-8, d.-rel. mar. n.

Notice sur Joseph Baini, écrivain musical et compositeur. *S. l. s. d.* — De l'Unité tonique et de la fixation d'un diapason universel. *Paris*, *Dentu*, 1859. — Extrait du catalogue critique et raisonné d'une petite bibliothèque musicale. *Rennes*, 1861. — Catalogue de la bibliothèque musicale de La Fage. *Paris*, *Potier*, 1862.

572. Recueil d'opuscules, intitulé : *Histoire musicale, Critique*. 1 vol. in-8, d.-rel. mar. r.

H. Am. Bach. De musices Effectu in homine sano et ægro dissertatio. *Berolini*, 1817, p. in-8. — Gœthe Ueber die Musik. *S. l. s. a.* — Cyprien Desmarais. Archéologie du violon, description d'un violon historique et monumental. *Paris*, 1836. — Fr. Alb. Franck. De musices effectibus in hominem sanum et ægrotum. *Berolini*, 1835. — Gérard. Considérations sur la musique en général et particulièrement sur tout ce qui a rapport à la vocale... *Paris*, 1819. — Jos. d'Ortigue. De la Guerre des dilettanti ou de la révolution opérée par M. Rossini dans l'opéra français. — Des Moyens de propager le goût de la musique en France. *Aix*, 1838, in-8. — Die Dicht-und Tonkunst der Troubadours und Jongleurs. *S. l. s. a.*

573. Recueil d'opuscules, intitulé : *Histoire musicale*. In-8, demi-mar. viol.

H. Delmotte. Notice biographique sur Roland Delattre, connu sous le nom d'Orland de Lassus. *Valenciennes*, 1836. — E. Chevé. Historique et procès-verbal du concours musical ouvert à Paris. *Paris*, 1853. — Baugier. Sociétés chorales. Rapport sur le concours de Niort. 1854. — Winckled. Notice biographique sur Mozart. *Paris*, 1801. — D. Denne-Baron. Articles sur Beethoven, Doni, Donizetti. *Paris*, 1853. — Du même : Histoire de l'art musical en France. *Paris*, 1846.

574. Recueil d'opuscules, intitulé : *Blainville*, *Rameau*, *etc.* In-8, v.

Blainville (C.-H.). L'Esprit de l'art musical, ou réflexions sur la musique. *Genève*, 1754. — Du même : Réflexions d'un patriote sur l'Opéra français et sur l'Opéra italien. *Lausanne*, 1754. — Rameau. Observations sur notre instinct pour la musique et sur son principe. *Paris*, 1754. — De Caux de Cappeval. Apologie du goût français relativement à l'Opéra, poëme. 1754.

575. Castil-Blaze. De l'Opéra en France. *Paris*, 1820, 2 vol. in-8, dem.-v.

576. Castil-Blaze. Molière musicien. Notes sur les œuvres de cet illustre maître, et sur celles de Corneille, Racine, etc. *Paris*, 1852, in-8.

577. Castil-Blaze. L'Art des vers lyriques. *Paris*, *A. Delahaye*, 1858, in-8.

578. Castil-Blaze. Théâtres lyriques de Paris, l'Académie impériale de musique. *Paris*, 1855, 2 vol. in-8, br.

579. Castil-Blaze. Théâtres lyriques de Paris : l'Académie impériale de musique, Histoire littéraire, musicale, etc. *Paris*, 1855, 2 vol. in-8.

580. Castil-Blaze. Dictionnaire de musique moderne, 2e édit. *Paris*, 1825, 2 vol. in-8, v.

581. Castil-Blaze. Théâtres lyriques de Paris. L'Opéra italien, de 1848 à 1856. *Paris*, 1856, in-8.

582. Castil-Blaze. Sur l'Opéra français, vérités dures, mais utiles. *Paris*, 1856, in-8.

583. F.-J. Fétis. Antoine Stradivari, luthier célèbre, connu sous le nom de Stradivarius, précédé de recherches historiques et critiques sur l'origine et les transformations des Instruments à archet, etc. *Paris* (*Tourte*), 1856, in-8.

584. Edmond Van der Straeten. La Musique aux Pays-Bas avant le XIXe siècle, documents inédits, annotés, avec planches de musique et table alphabétique, t. 1er. *Bruxelles*, 1867, in-8, br.

585. Gluck. Mémoires pour servir à l'Histoire de la révolution opérée dans la musique. *Naples*, 1781, in-8.

586. P.-J. Schneider. Die Musik und Poesie nach ihren Wirkungen historisch-critisch dargestellt System einer medizinischen Musik. *Bonn*, 1835, 2 t. en 1 vol. in-8, d.-rel.

587. De vi musices ad excolendum hominem. *Trajecti ad Rhenum*, 1816, in-8, d.-rel. toile.

588. Joseph-Louis Roger. Traité des effets de la musique sur le corps humain, traduit du latin, avec notes, par Étienne Sainte-Marie. *Paris*, 1803, in-8.

589. C. Grosheim. Fragmente aus der Geschichte der Musik. *Mainz*, 1832, in-8.

590. Essai sur le perfectionnement des beaux-arts par les sciences exactes, ou calculs ou hypothèses sur la poésie, la peinture et la musique. *Paris*, *an XII* (1803), in-8.

591. Sowenski. Les Musiciens polonais et slaves anciens et modernes, dictionnaire biographique des compositeurs, chanteurs et amateurs de l'art musical, précédé d'un résumé de l'histoire de la musique en Pologne, et de la description d'anciens instruments slaves, etc., etc. *Paris*, 1857, gr. in-8.

592. C. Kalkbrenner. Histoire de la musique, avec 9 planches (t. 1er). *Paris*, 1802, in-8, demi-v.

593. Rossmalh und Carlo. Schlesisches Tunkunstler-Lexicon, en 4 fascicules. *Breslau*, 1846-47, in-8.

594. J.-Adrien de la Fage. Histoire générale de la musique et de la dansc. *Paris*, 1844, 2 vol. in-8, demi-mar. La Vallière.

595. A. de la Fage. Miscellanées musicales. *Paris*, 1844, in-8, br.

596. J.-A. de la Fage. Recueil de motets en plain-chant, 2e édit. *Paris*, 1838, 1 vol. oblong, demi-rel. v. m.

597. M. Savérien. Histoire des progrès de l'esprit humain dans les sciences et dans les arts qui en dépendent (notamment la musique), 2e édit., corrigée par M. Savérien. *Paris*, 1776, in-8, v.

598. Durey de Noirville. Histoire du théâtre de l'Académie royale de musique en France, 2e édit., 1re et 2e parties. *Paris*, 1757, in-8, v. armorié.

599. Martine. De la Musique dramatique en France, etc., etc. *Paris*, 1813, in-8, dem.-v. br.

600. G.-A. Villoteau. Recherches sur l'analogie de la musique avec les arts qui ont pour objet l'imitation du langage. *Paris*, 1807, 2 vol. in-8, v. v.

601. — Mémoire sur la possibilité d'une théorie exacte des principes naturels de la musique. *Paris*, 1807, in-8, veau vert.

602. Bibliographie musicale de la France et de l'étranger. *Paris*, 1822, in-8, cartonnage rouge.

603. Viollet-le-Duc. Bibliographie des chansons, fabliaux, contes en vers et en prose, facéties, pièces comiques, aventures galantes, amoureuses et prodigieuses. *Paris*, 1859, in-8, broché.

604. Chabanon. De la Musique considérée en elle-même et dans ses rapports avec la parole, les langues, la poésie et le théâtre. *Paris*, 1785, in-8, veau.

605. Beveroni Saint-Cyr. Essai sur le perfectionnement des beaux-arts par les sciences exactes ou calculs et hypothèses. *Paris*, 1803, 2 vol. in-8, cart. en un seul.

606. P. Scudo. Critique et littérature musicales. *Paris*, *Amyot*, 1850, in-8. — 2e série. *Paris*, *Hachette*, 1859, in-12.

607. Anton Schmidt. Ottaviano dei Petrucci da Fossombrone der erste Erfinder des Musiknotendruckes. *Wien*, 1845, gr. in-8, br.

608. J. Pussot. Journalier ou Mémoires de Jean Pussot, maître charpentier en la coutume de Reims, publiés pour la première fois. *Reims*, 1858, in-8.

Document précieux pour l'histoire de la musique au XVIe siècle.

609. J.-B. Labat. Études philosophiques et morales sur l'histoire de la musique, ou Recherches analytiques, etc., avec la Biographie des auteurs, etc. *Paris*, 1852, 2 vol. in-8.

610. James Beattie. Essai sur la poésie et la musique considérées dans les affections de l'âme, traduit de l'anglais. *Paris*, *an VI*, in-8, demi-reliure.

611. J.-J.-O. de Meude Monpas, chevalier. Dictionnaire de musique dans lequel on simplifie les expressions et les définitions de mathématique et de physique qui ont rapport à cet art. *Paris*, 1787, in-8.

612. Luigi Angeloni. Dissertazione sopra la vita, le opere ed il sapere di Guido d'Arezzo. *Parigi*, 1811, in-8, rel.

613. H. Berlioz. Voyage musical en Allemagne et en Italie *Paris*, 1844, 2 vol. in-8, demi-rel. veau mar.

614. W. A. Ambros. Die Grenzen der Musik und Poesie. Eine Studie zur Aesthetik der Tonkunst. *Leipzig*, 1855, in-12.

615. A. Reissmann. Allgemeine Geschichte der Musik. *München*, 1863-64, 3 vol. in-8.

616. — Das deutsche Lied in seiner histor. Entwicklung. *Cassel*, 1861, in-8.

617. J. F. Warner. A Universal Dictionary of musical terms. *Boston*, 1842, gr. in-8, rel. toile verte.

618. Le Cat. Traité des sens. *Rouen*, 1742, in-8.

619. Massimino Vissian. Dizionario della musica, ossia raccolta dei principali vocaboli italiani e francesi. *Milano*, 1846, in-8.

620. Marquis de Pontécoulant. La Musique à l'Exposition universelle de 1867. *Paris*, 1868, in-8.

621. Ed. Escudier et Meissonnier. Almanach musical 1855-62, 8 années. In-8, rel. doré sur tr.

622. Gautez. L'Entretien des musiciens. *Auxerre*, 1643, in-16, veau.

623. Gianelli (Abb. Pietro). Dizionario della musica sacra e profana (2e édit.). *Venezia*, 1820, 2 vol. in-12, br.

624. Musikalisches Taschen. — Fremdwörterbuch. *Themnitz*, 1845, 1 vol. in-16, br.

625. Histoire de la musique et de ses effets depuis son origine jusqu'à présent. *Paris*, 1715, in-12, demi-maroq. violet.

626. Bourdelot. Histoire de la musique. *La Haye et Francfort-sur-le-Mein*, 1743, 4 vol. in-24, demi-rel. v. m.

627. Mme de Bawr. Histoire de la musique. *Paris*, 1823, in-12, demi-rel.

628. M. P. Lahalle. Essai sur la musique, ses fonctions dans les mœurs et sa véritable expression, suivi d'une Bibliographie musicale. *Paris*, 1825, 1 vol. pet. in-12, rel.

629. Lacépède. La Poétique de la musique. *Paris*, 1797, 2 vol. in-12, demi-maroq. vert.

630. Ch. Poisot. Histoire de la musique en France depuis les temps les plus reculés jusqu'à nos jours. *Paris*, 1860, in-12.

631. Laurence Mizleir. Bibliothèque musicale. *Leipsig*, 1739, 1743, 1752, 3 vol. in-12, parchemin.

632. Aug. Schmidt. Orpheus; musikalisches Taschenbuch für das Jahr 1840. (Poésie et musique notée, 1re année). *Wien*, in-8, cartonn. bleu.

633. Martin Luther. Gedanken über die Musik (publié par F. A. Beck). *Berlin et Posen*, 1825, in-12, demi-maroq. vert.

634. Del cavalier Marino Dicerie sacre. *Venise*, 1615, in-12, veau.

635. H. Berlioz. Les Soirées de l'orchestre. *Paris*, 1854, in-12.

636. — Les Grotesques de la musique. *Paris*, 1859, in-12, cartonn. toile.

637. H. Berlioz. A travers Chants. Études musicales, Adorations, Boutades et Critiques. *Paris*, 1862, in-12, cartonn. anglais.

638. P. Scudo. L'Année musicale, etc. *Paris*, 1860, 1861, 1862, in-12, toile.

639. — Le chevalier Sarti. *Paris*, 1857, in-12, toile.

640. Ad. Adam. Souvenirs d'un musicien, 1857. — Nouveaux Souvenirs d'un musicien, 1859 (posthume). *Paris*, 2 t. en 1 vol. in-12, cart.

641. E.-J. Delécluze. Souvenirs de soixante années. *Paris, Lévy frères*, 1862, in-12, demi-rel.

642. L. Escudier. Mes Souvenirs. (Littérature musicale.) *Paris, Dentu*, 1863, in-12, toile anglaise verte.

643. Richard Wagner. Quatre Poëmes d'opéras, traduits en prose française, précédés d'une lettre sur la musique. *Paris*, 1861, in-18, cart.

644. O. Comettant. Musique et musiciens. *Paris, Pagnerre*, 1862, in-12, cart.

645. L. de Rillé. Olivier l'orphéoniste. *Paris*, 1861, in-16, cart.

646. Ch. de Lorbac. Richard Wagner, avec un portrait et un autographe. *Paris*, 1861, in-24.

647. Castil-Blaze. Chapelle-musique des rois de France. *Paris*, 1832. — Ern. Thoinan. Les Origines de la chapelle-musique des souverains de France. *Paris*, 1864. 2 p. en 1 vol. in-12, cart.

648. Ed. Fétis. Les Musiciens belges. *Bruxelles, s. d.*, 2 tom. en 1 vol. in-12, cart.

649. Franz Liszt. Des Bohémiens et de leur musique en Hongrie. *Paris*, 1859, in-16.

650. A. Majer, trad. J. de Valeriani. Essai de littérature musicale concernant l'origine, les progrès et les révolutions de la musique italienne, avec des remarques sur le nouveau style de Rossini. *Ratisbonne*, 1829, p. in-8.

651. S. Haffenreferus. Nosodochium, in quo cutis, eique adhærentium partium, affectus omnes sing. method., et cognosc. et curand. fidel. traduntur. *Ulmæ*, 1640.

652. Gio.-Francesco Zulatti. Della Forza della musica nelle passioni, nei costumi, e nelle malattie, e dell uso medico del ballo. *Venezia*, 1787, in-12, cart. marb. gris.

653. Chr.-Lud. Bachmann. Dissertatio de effectibus musicæ in hominem. *Erlangæ*, 1792, in-16.

654. I. de Muris. Arithmeticæ speculativæ libri II. *Moguntiæ*, 1538, in-12, cart.

655. M. Stephani Prætorii. Luscinia cantatrix cum epistola Davidis Chytræi. *Rostochii*, 1575, in-16.

656. Conort. Manuel sur l'art de prendre vivants et d'élever les rossignols, selon les procédés nouveaux et faciles. *Castres*, 1838, 1 vol. pet. in-8.

657. Traité des oiseaux de chant, des pigeons de volière, etc., etc. *Paris, chez Audot, s. d.*, in-12.

658. Bollioud de Mermet. De la Corruption du goût dans la musique française. *Lyon*, 1746, pet. in-8, v.

659. Lettres à Clémence sur la musique, par Mme E. L. *Paris*, 1834, pet. in-8, d.-rel.

660. Marquet (F.-N.), Buchoz (P.-J.) edid. Nouvelle Méthode, facile et curieuse, pour connaître le pouls par les notes de la musique, 2e édit. *Amsterdam*, 1769, 1 vol. in-12, v.

661. L'Esprit des Beaux-Arts (par Estève). *Paris*, 1753, 2 tom. en 1 vol. pet. in-8, d.-rel. v.

662. (Cl. Pithoys). L'Apocalypse de Méliton, ou Révélation des mystères cénobitiques. *A Saint-Léger*, 1668, pet. in-8, v.

663. (Serré ?). La Musique, poëme en quatre chants (avec grav.). *La Haye*, 1737, in-12, cart.

664. Jacques Bannister. Tableau des arts, des sciences, depuis les temps les plus reculés jusqu'au siècle d'Alexandre le Grand, trad. de l'anglais. *Paris*, 1786, in-12, v.

665. J.-N. Belin le Ballu. Mémoires et voyages d'un émigré. *Paris*, 1801, 3 vol. in-12, demi-v. marb.

666. G. Sand. La Mare au diable (divers passages sont relatifs à la musique). *Paris*, 1856, in-12, toile angl. verte.

667. Champfleury. Les Excentriques (chap. sur la musique). *Paris*, 1856, in-18, toile angl.

668. — Les Premiers beaux Jours (chap. sur la musique). *Paris, M. Lévy*, 1858, in-12, toile angl.

669. État actuel de la musique du roi et des trois spectacles de Paris. *Paris*, 1769, 1 vol. in-12, rel. v.

670. Alph. Sax junior. Gymnastique des poumons. La musique instrumentale, au point de vue de l'hygiène, et la création des orchestres féminins. *Paris*, 1865, in-12, cart.

671. Ch. Beauquier. Philosophie de la musique. *Paris*, 1866, in-12, rel.

672. F. de Villars. Notice sur Luigi et Federico Ricci. suivie d'une analyse critique de Crispino e la Comare. *Paris*, 1866, in-12, cart.

673. Sébastien de Brossard. Dictionnaire de musique, contenant une explication des termes grecs, etc., 3e édit. *Amsterdam*, in-8, v.

674. Alexis Dureau. Notes pour servir à l'histoire du théâtre et de la musique en France. *Paris*, 1860, in-18.

675. Le Comte de La Fite. Les Instruments de musique du diable. — La Nuit de la Saint-Sylvestre (romans humoristiques). *Paris*, 1863, in-12, cart.

676. Calendrier musical universel... pour l'année 1789. *Paris, chez l'auteur, maison Le Duc*, in-12.

677. X. Marmier. Histoire d'un pauvre musicien (1770-1793). *Paris*, 1866, 1 vol. in-18, cart.

678. Camille Selden. Mendelssohn. La Musique en Allemagne. *Paris, Baillière*, 1867, in-18, cart.

679. Moléri. L'Amour et la musique, illustré de 8 gravures sur bois. *Paris*, 1866, in-8.

680. Ed. Ikelmer. Almanach de la musique. *Paris, Ikelmer*, 1866-67, pet. in-8, br.

681. Fr. Halévy. Derniers Souvenirs et portraits. *Paris*, 1863, in-12, demi-toile verte.

Eau-forte par G. Staal.

682. J. Poisle-Desgranges. — Rouget de Lisle et la Marseillaise. *Paris*, 1864, in-32.

683. H. Le Blanc. Défense de la basse de viole contre les entreprises du violon et les prétentions du violoncel. *Amsterdam, Mortier*, 1740, in-12, demi-maroq. rouge.

I m et I n. MUSIQUE VOCALE, INSTRUMENTALE gravée, CHANSONS.

684. A.-D. Philidor. Katarinæ Carmen seculare lyricis concentibus restitutum. 1788, in-fol.

685. Rouget de Lisle. Cinquante chants français. Paroles de différents auteurs mises en musique, avec accompagnement de piano. 1792, in-fol. demi-maroq. marron.

686. Castil-Blaze. Théâtres lyriques de Paris. Recueil de musique (de 1180 à 1855). *Paris*, 1855, tr. gr. in-4.

687. J. Delbruck. Rondes et chansonnettes enfantines des *Récréations instructives*, sur les vieux airs, etc. *Paris, s. d.*, gr. in-4.

688. Rummel. 100 Mélodies nationales transcrites pour le piano. *Paris*, gr. in-4.

689. Léo, Durante Scarlatti, etc. Solféges d'Italie, avec la basse chiffrée. *Paris, s. d.*, in-fol. v. vert. obl.

690. Davit Civita. Alto. Premitie armoniche a tre voci. *Venezia*, 1616, in-4, parch.

691. Perne. Ancienne Musique des chansons du châtelain de Coucy, etc. Gr. in-8.

692. Charles Lebouc. Recueil de rondes, avec jeux et de petites chansons pour faire jouer, danser et chanter les enfants, avec un accompagnement de piano... *Paris* (1862), gr. in-8.

693. The German Erato or a collection of favourite songs, translated into english with their original music., 3e édit. *Berlin*, 1800. — Twelve favourite songs, etc. *Berlin*, 1800. — A Collection of german ballads and songs, etc., 2e édit. *Berlin*, 1800, in 4.

694. Mozart. Don Giovanni. *Paris*, 1 vol. in-8.

695. A. Marquerie. Paris lyrique, album populaire. *Paris* (1857-1860), in-8.

696. Jérôme Bujeaud. Chants et chansons populaires des provinces de l'ouest : Poitou, Saintonge, Aunis et Angoumois, avec les airs originaux, recueillis et annotés. *Paris*, 1866, 2 vol. gr. in-8.

697. H. Berton. Recueil de 16 canons grivois, etc. *Paris, s. d.*, in-4, demi-v. et plats verts.

698. Fr. Seguin. Recueil des Noëls composés en langue provencale, par Nicol. Saboly; nouv. édit. *Avignon*, 1856, in-4.

699. Recueil d'opuscules, intitulé : *Chants des salles d'asile, etc.* 6 prières en 1 vol. in-8, demi-maroq. vert.

700. (De Lusse.) Recueil de romances historiques, tendres et burlesques, etc. 1767, in-8, mar. rouge.

701. M. L*** (Laujon). Les A-propos de sociétés, ou chansons de M. L***. 1776, 3 vol. in-8, v.

702. J. Cantici di Fidentio, glotto chrysio ludimagistro. *Vicenza*, 1743, in-8, v.

703. The Sky-lark, a choice sellection of the most admired popular songs, etc. *London, W. Y.*, in-8, rel. en cart.

704. Musique des Chansons de P.-J. de Béranger; 3e édit. *Paris*, 1845, in-8, cart.

705. Recueil manuscrit de Romances. In-8, parch. vert.

706. Dubreuil. Dictionnaire lyrique portatif, ou Choix des plus jolies ariettes, etc. *Paris*, 1766, 2 vol. in-8, v.

707. Recueil d'opuscules, intitulé : *Chansons populaires allemandes*. 3 part. en 1 vol. in-12, cart.

708. Rem. Romano. Raccolta di Canzonette musicali (4 raccolte). *Pavia*, 1625, pet. in-12.

709. Les Tendresses bachiques (sans titre), tom. 1er. In-12.

710. M. Du Buisson. Premier Livre d'airs sérieux et à boire, à 2 et 3 parties. *Paris*, 1686, 3 vol. in-12 obl.

711. Recueil de chansons. *La Haye*, 1723, in-12, parch.

712. L. Bachelier. Recueil de cantates, etc. *La Haye*, 1728, in-12, v.

713. Nouveau Recueil de chansons choisies; 4e édit. *La Haye*, 1735, 8 vol. in-12, v.

714. (Monnet.) Anthologie française, ou Chansons choisies depuis le XIIIe siècle jusqu'à présent. *S. l.*, 1765, 3 vol. pet. in-8, demi-v. fauve.

715. Chansons choisies, avec les airs notés. *Londres*, *Cazin*, 1783-1785, 6 vol. in-18 et un atlas rel. en veau, dor. sur tr. — Nouveau Recueil de chansons choisies, avec les airs notés. *Genève*, 1785, 4 vol. in-18, br.

716. Sedaine. Recueil de poésies; 2e édit. (airs notés à la fin). *Londres*, 1760, in-12, v.

717. (Sauvigny) (musique de Philidor). Histoire amoureuse de Pierre le Long et de sa très-honorée dame Blanche Bazu, écrite par lui-même. *Londres*, 1765, in-12, v.

718. Canzonette. (Plusieurs chansons érotiq. italiennes.) *Brescia*, *Parme*, *Florence*, *etc.*, pet. in-12.

719. Giamp. Monesio. La Musa seria. — La Musa famigliare. *In Roma*, 1674, 2 tom. en 1 vol. pet. in-8.

720. Nouvelles Étrennes, utiles et agréables, contenant un recueil de chansons et d'emblèmes. *Paris*, 1749, 1 vol. in-16, rel.

Fables de la Fontaine en musique.

721. Trois cents Fables en musique, dans le goût de M. de la Fontaine, notées sur des airs, etc. *Liége*, *s. d.*, 2 vol. in-12, v.

722. Étrennes lyriques, anacréontiques pour l'année 1788, présentées à Madame pour la huitième fois, en décembre 1787. *Paris*, 1788, in-12, rel. mar. rouge.

723. Étrennes de Polymnie. Choix de chansons, romances, vaudevilles, etc. *Paris*, 1789, 1 vol. in-12, br.

724. Beauvarlet-Charpentier. Le Troubadour, ou les Étrennes d'Erato, avec la musique des airs nouveaux choisis ou composés par M. Beauvarlet-Charpentier, précédé d'un calendrier pour l'an 1807. *Paris,* 1807, in-12, cart. jaune.

725. Berquin. Romances. *Paris,* 1796, 1 vol. in-16, cart.

726. Florian. Collection complète des romances d'Estelle, mises en musique. *Paris,* in-32, br.

727. Anacréon en belle humeur, chansonnier français. *Paris, s. d.,* in-24, rel. mar.

728. Naudot. Chansons notées des Maçons libres. 1737, in-16, cart.

729. De Vignoles et Dubois. La Lyre maçonne, ou recueil de chansons des francs-maçons; nouv. édit. *La Haye,* 1766, 1 vol. in-12, v.

730. Nouveau Chansonnier patriote. *Lille, an II,* pet. in-12, dos jaunâtre en toile.

731. Marchant. La Constitution en vaudeville, suivie des Droits de l'homme et de la femme, etc. *Paris,* 1792, in-32.

732. Choix lyrique et sentimental. (Concerts républicains.) Fig. de Quéverdo; 2e édit. *Paris, an III* (1795), in-12.

733. Chansons patriotiques. *Paris, s. d.,* in-16, cart.

734. Bulard. Chansonnier des enfants, ou Recueil de chansons et hymnes patriotiques, etc. *Paris* (1795), pet. in-12, parch.

735. (Éd. Chassériaux.) Poésies révolutionnaires et contre-révolutionnaires, etc. *Paris,* 1821, 2 vol. in-12, v.

736. G.-N. Fischer. Calendarium musarum latinum anni æræ christianæ MDCCLXXXVI. *Lipsiæ,* 1786, 1 vol. in-16, cart. gris marb.

737. Airs choisis pour le Chansonnier des Grâces de 1813. *Paris,* 1 vol. in-18, br.—Le Chansonnier des Grâces, avec la musique gravée. *Paris,* 1804, 1 vol. in-18, mar. r. dor. sur tr. — Le Chansonnier des Grâces, avec la musique gravée des airs nouveaux. *Paris,* 1811, 1 vol. in-18, mar. r. dor. sur tr.

738. Capelle. La Clé du Caveau. *Paris,* 1816, 1 vol. oblong, d.-rel.

739. P***. Le Jardin de l'enfance, de la jeunesse et de tous les âges, etc.; 5e édit. *Paris,* 1817, in-12, v. clair.

Modèles de compliments, avec l'indication des airs sur lesquels on peut les chanter.

740. L. Festeau. Chansons et musique. 120 chansons, 32 airs gravés et 4 vignettes sur bois, dessinées par Wattier, éd. plébéienne. *Paris,* 1838, pet. in-16, demi-maroq. pourpre.

741. B. de La Monnoye. Les Noëls bourguignons, publ. pour la première fois avec une trad. litt. en regard du texte patois... par F. Fertiault. *Paris*, 1842, in-18, demi-rel. v. gris.

742. Damase-Arbaud. Chants populaires de la Provence, recueillis et annotés (avec les airs en musique). *Aix*, 1862-64, 2 tom. en 1 vol. in-12, toile angl. viol.

743. Louis Merson. Scolies militaires. *Paris*, 1857, in-12, cart.

744. Comte Eugène de Lonlay. Chansons populaires ; nouv. édit., ornée du portrait de l'auteur. *Paris*, 1858, in-12, cart.

745. Fr. Spee. Trutz-Nachtigall. *Innspruck*, 1844, in-16, cart.

746. A. Keller und E.-V. Seckendorff. Volkslieder aus der Bretagne. *Tubingen Fuër*, 1841, in-12, cart.

747. Amusement des Dames, nouveau recueil de chansons choisies. *La Haye*, 1756, in-12, rel. v.

748. Delcasso. Recueil de morceaux de chant à une, deux et trois voix, à l'usage des écoles normales et des écoles primaires, musique choisie et arrangée par Gross. *Strasbourg*, 1862 et 1866, 2 vol. in-16.

749. Festin joyeux, ou la Cuisine en musique et vers libres, 2 parties. *Paris*, 1738, in-12, v.

750. Vadé. Œuvres complètes, avec les airs notés à la fin de chaque volume. *Genève*, 1777, in-12, vol. 1 et 2. (Œuvres dramatiq.)

751. Ed. Nadard (*sic*). Chants et chansons de la Bohême. Henry Murger, P. Dupont, etc., 26 dessins. *Paris*, 1853, in-12.

752. Cénac-Moncaut. Littérature populaire de la Gascogne. Cartes, mystères, chansons historiques, etc., textes patois, etc., avec la traduction en regard et la musique des principaux chants. *Paris*, 1868, in-16.

753. Jo. Reuchlin. Phorcensis. Scenica Progymnasmata, hoc est ludicra preexercitamenta. *Basileæ*, 1498, in-4.

754. Brasseur de Bourbourg. Popol Vuh. Le Livre sacré et les mythes de l'antiquité américaine. *Paris*, 1861, gr. in-8.

755. J.-J. Rousseau. Partition du Devin du village, avec notes d'Auguis. *Paris*, 1825, in-8, demi-rel. maroq. noir.

756. Recueil de toutes les ariettes d'Annette et Lubin. *Paris*, *s. d.*, in-8.

757. De Cailhava. Le Mariage impromptu, comédie en trois actes et en vers. — Les Etrennes de l'Amour, comédie-ballet en un acte, avec musique (musique de M. Boyer). *Paris*, 1769, in-8, v.

758. Les Indes dansantes, parodie des Indes galantes. *Paris*, 1751, 1 vol. veau brun.

759. Paroles de Rozoy; musique, Bianchi. La Réduction de Paris, drame lyrique. *Paris*, 1775, in-8, cart.

760. Georgii Macropedii Andrisca, fabula lepidissima. *Coloniæ*, 1540, in-12, cartonné.

761. De Lully. Les Airs de la tragédie de Persée, etc. *Amsterdam*, 1688, 1 vol. in-12. v.

762. G. Macropedius. Omnes G. Macropedii Fabulæ comicæ denuo recognitæ, etc. Adjectæ sunt choris... notulæ quædam musicæ. *Ultrajecti*, 1552, p. in-8, veau.

763. Dancourt. Recueil des airs des œuvres de Dancourt. 12 part. en 1 vol. in-12, veau.

764. Opéras comiques réunis en 1 vol. : Soliman II, par Favart, 1762. — Tom Jones, par Poinsinet; musique de Philidor, 1765. — Moissonneurs, par Favart; musique de Duni, 176?. — Silvain, par Marmontel; musique de Grétry, 1770. — Bastien et Bastienne, parodie du Devin de village, par Me Favart et Harty, 1753. — Le Bûcheron, d'après un conte en vers de Perrault, musique de Philidor, 1773. — Les Deux Chasseurs et la Laitière, par Anseaume; musique de Duni, 1773. — Gilles, garçon peintre, z'amoureux et rival, parade (par Poinsinet jeune?). — Avec la musique de quelques airs et ariettes. Pet. in-8, veau.

765. Désaugiers. La Vestale, pot-pourri en trois actes. *Paris*, 1811, in-12 carré, carton. marbré.

766. Grandval le père. Agathe, ou la Chaste Princesse, tragédie (avec musique). *Paris*, *s. d.*, p. in-8.

767. Arch. Corelli. Violone o Tiorba. Sonate a tre, doi violini e violone o Arcilento col Basso. Opera terza. *Bologna*, 1702, p. in-4.

768. August Schmidt. Orpheus; musikalisches Taschenbuch für das Jahr 1840. (Poésie et musique notée.) *Wien*, *s. d.*, in-8.

769. Cornu. Étrennes à Terpsichore. *Paris*, 1821, in-4 oblong cart.

K. POÉTIQUE.

K a. POÉTIQUE EN GÉNÉRAL. GENRES DIVERS.

770. Recueil d'opuscules, intitulé : *Poétique ancienne*, gr. in-4, demi-maroq. bleu.

Ern.-Ferd. Friedrich. Quæ Cantici canticorum Salomonis esset poetica forma. *Regiomonti Borussorum*, 1855. — C.-F. Schoemann. De poesi theogonica Græcorum. *Gryphiswald*, 1849. — P.-C.-I. Engel. De origine ac progressu poeseos dramaticæ inprimis tragicæ apud Græcos. *Gissæ*. — A.-L. Ulrich. De antiquissima militum Romanorum in duces triumphantes jocos versusque satyricos jaciendi licentia. *Jenæ*, 1810. — N. Bachius. De lugubri Græcorum elegia specimen primum. *Vratislaviæ*, 1835. — Specimen alterum. *Fuldæ*, 1836. — Du même : Historia critica poesis Græcorum elegiacæ. *Fuldæ*, 1840. — G. Hertzberg. De poetarum elegiacorum apud Romanos principum ingenio et arte. *Halberstadt*, 1842, in-4. — J.-C. Held. De satyra, satyricis et satyris. *Wittebergæ*, 1687. — Rector G.-A. Haasius. De Epigrammatis quibusdam græcis. *Lipsiæ*, 1833. — F.-C. Petersen. De Arte poetas vet. gr. romanosq. in nostras l. convertendi. *Hauniæ*, 1827.

771. Hermani Torentini Vocabularius poeticus. *S. l. n. a.* (*Cologne*), in-4, demi-veau rouge.

772. Recueil de dix opuscules, intitulé : *Poétique ancienne*, in-8, demi-maroq. grenat.

M. Patin. Coup d'œil sur l'histoire de la comédie avant Auguste. *Paris*, 1855. — Du même : Sur le Poëme de *Lucrèce*, 1856. — G.-E. Groddeck. De hymnorum homericorum Reliquiis. *Gottingæ*, 1786. — G. Wiel. Observationes in Orphei Argonautica. *Bonnæ*, 1853. — F.-G.-L.-Æ. Luetcke. De Græcorum Dithyrambis, etc. *Berolini*, 1829, in-8. — M. Schmidt. De Dithyrambo poetisq. dithyrambicis dissertatio. *Berolini*, 1844. — L. de Sinner. La Poésie bucolique chez les Grecs. *Paris*, *s. a.* — J. Hauler. De Theocriti Vita et Carminibus. *Friburgi Brisigoviæ*, 1855. — Jo.-Val. Franckius. *Callinus*, sive quæstionis de origine carminis elegiaci tractatio. *Altonæ*, 1816. — B.-J. Peltzer. De parodica Græcorum Poesi et de Hipponactis, Hegemonis, Matronis parodiarum fragmentis. *Monasterii*, 1855.

773. Recueil d'opuscules, intitulé : *Poésie homérique. Silles*, in-8, demi-maroq. vert clair.

Herm. Brausewetter. De Necyia homerica. *Regimonti Pr.*, 1863, in-8.— Bernardus Buechsenschnetz. De Hymnis orphicis. 1851.—Richardus Wachsmuth. De Aristotelis studiis homericis. *Berolini*, 1863. — Ludov. Schwidop Regimontanus. De Versibus quos Aristarchus in Homeri Iliade obelo signavit. *Regimonti Pr.*, 1862.— Eduardus Kammer Gumbinnensis. Porphyrii scholia homerica. *Regimonti Pr.*, 1863. — Fridericus Paul. De Sillis Græcorum. *Berolini*, 1821.

774. Recueil d'opuscules, intitulé : *Poétique ancienne*, in-8, demi-maroq.

Phil. Soupé. I. Les Poëtes de l'Inde ancienne ; II. les Hymnographes des

Védas. 1862. — Ambr.-Firmin Didot. Notice sur Anacréon. *Paris*, 1864. — Dr Joseph Reber. Platon und die Poesie. *Leipzig*, 1864. — C. Thurot. Observations philologiques sur la Poétique d'Aristote. *Paris*, 1863. — Patin. De Lucrèce et du poëme de la Nature, 1860. — C. Zangemeister. De Horatii Vocibus singularibus. *Berolini*, 1862. — L'ab. Vissac. De la Poésie latine en France au siècle de Louis XIV. *Paris*, 1862. — J.-A. Vissac. De Marci Hieronymi Vidæ *Poeticorum* libris III. *Parisiis*, 1862, in-8. — P. Meyer. Anciennes Poésies religieuses en langue d'oc, publiées d'après les manuscrits. *Paris*, 1860.

775. Dugas-Montbel. Histoire des poésies homériques, etc. *Paris, F. Didot*, 1831, gr. in-8.

776. Aristotelis de arte poetica Liber, cum commentariis C. N. Hermanni. *Lipsiæ*, 1802, in-8, demi-rel. veau fauve.

777. F. K. L. Sickler. Homer's Hymnus an Demet. Griechisch, mit metrischer Uebersetzung, etc. *Hildburghausen*, 1820, in-4.

778. L'A. Batteux. Les Quatre Poétiques d'Aristote, d'Horace, de Vida, de Despréaux, avec les traductions et des remarques. *Paris*, 1771, 2 vol. in-8.

779. Le C. Bouchaud. Antiquités poétiques, ou dissertations sur les poëtes cycliques et sur la poésie rhythmique. *Paris*, *an VII*, in-8.

780. Frid. Osannus. Anecdotum romanum de notis veterum criticis inprimis *Aristarchi Homericis* et Iliade Heliconia. *Gissæ*, 1851, in-8, broch.

781. L'abbé A. Scoppa. Traité de la poésie italienne rapportée à la poésie française. *Paris*, 1803, in-8.

782. Léon Gautier. Les Épopées françaises. Étude sur les origines et l'histoire de la littérature nationale. *Paris*, 1865-1867, 2 vol. in-8, br.

783. Gaston Paris. Histoire poétique de Charlemagne. *Paris*, *Franck*, 1865, in-8.

784. Docteur Ch. Lowth. Cours de poésie sacrée, traduit pour la première fois du latin en français, par F. Roger. *Paris*, 1813, 2 vol. in-8, v.

785. Michaelis Neandri. De Re poetica Græcorum. *Lipsiæ*, 1582, pet. in-8, p. de tr.

786. Georgii Fabricii De Re poetica libri IIII. *Lugduni*, 1583, 1 vol. pet. in-8.

787. W. A. Ambros. Die Grenzen der Musik und Poesie. *Leipzig*, 1855, in-8.

788. J. Cæs. Scaliger. Poetices libri VII. *Parisiis*, 1594, pet. in-8.

789. Bernard-Julien. Histoire de la poésie française à l'époque impériale. *Paris*, 1844, 2 vol. pet. in-8.

Kb. ART THÉATRAL. — JEUX SCÉNIQUES. — DANSE.

790. Julii Cæsaris Bulengeri Juliodunensis Opusculorum Systema, duobus tomis digestum : prior continet libros tres de instrumento templorum, in quorum primo agitur de veste Pontificum; *posterior*... de triumpho... de theatro, etc. *Lugduni*, 1621, 2 vol. en 1, in-fol. veau brun.

791. F. Wieseler. Theatergebäude und Denkmäler des Bühnenwesens bei den Griechen und Romern. *Gœttinger*, 1851, in-fol. cart.

792. Recueil d'opuscules, intitulé : *Théâtre grec et latin*, gr. in-4, demi-maroq. rouge.

Chr.-Nic. Grauerus. De re municipali Romanorum particula. — C.-A. Klanderus. De Choro sophocleo. 1840. — H. Täuber. De Usu parodiæ apud Aristophanem. *Berlin*, 1849. — A.-G. Bohtz. De Aristophanis Ranis dissertatio. *Gothæ*, 1828. — Fr.-A. Niemeyer. Sur un Passage d'Aristophane. *Gryphinwaldi*, 1837. — S.-A. Meier. De Aristophanis Ranis. *Halæ Sax.* — H.-I. Seemann. De *Ranarum* fabulæ aristophaneæ consilio. 1846. — Fr. Ritschl. Canticum Pœnuli Plautinæ emendatum. *Bonnæ*, 1853. — Du même : Cantica Trinummi Plautinæ. *Bonnæ*, 1848.

793. Recueil d'opuscules, intitulé : *Art théâtral ancien*, in-4, demi-maroq. vert foncé.

Dr J. Sommerbrodt. Disputationes scenicæ. 1843. — C.-D. Ilgenius. Chorus Græcorum tragicus. *Lipsiæ*, 1838. — Léop. Schmidt. De Parodi in tragœdia græca notione. *Bonnæ*, 1855. — A. Nauckii. De Tragicorum græcorum fragmentis observationes criticæ. *Berolini*, 1855.— Dr J. Sommerbrodt. De Æschyli re scenica. *Lignicii*, 1848 et 1851, 2 part. — Martinus. Observationes criticæ in Æschyli Oresteam. *Posen*, 1837. — C.-J. Grysar. De Græcorum tragœdia, qualis fuit circum tempora Demosthenis. *Coloniæ ad Rhenum*, 1830. — G. Stalbaum. De persona Euripidis in Ranis Aristophanis commentatio. *Lipsiæ*, 1842. — J.-G. Buhle. De Fabula satyrica Græcorum. *Gottingæ*, 1787. — A.-C. et F. Traugott Stocmanni. De Legibus Romanorum theatralibus. *Lipsiæ*, 1782.

794. Recueil d'opuscules intitulé : *Théâtre grec, etc., G. Hermann.* In-4, demi-maroq. rouge.

Ad. Gruber. De Ludis. *Lipsiæ*, 1678. — Jo.-Jac. Windenius. De Choreis gynæco-andricis. *Argentorati*, 1689. — J. Hellerus. De Judæorum veterum saltationibus religiosis. *Lipsiæ*, 1738. — G. Hermann. Cinq opuscules, savoir : De epigrammatis quibusdam græcis. *Lipsiæ*, 1833. — De Æschyli Myrmidonibus. *Lipsiæ*, 1833. — Dissertatio de Æschyli trilogiis Thebanis. *Lipsiæ*, 1835. — De Choro Vesparum Aristophanis dissertatio, etc. *Lipsiæ*, 1843. — De re scenica in Æschyli Orestea dissertatio. *Lipsiæ*, 1846.

795. Recueil d'opuscules, intitulé : *Théâtre grec, G. Hermann, etc.* In-4, demi-maroq.

G. Schœler. De Personis Græcorum scenicis. *Gedani*, 1821. — Jo.-G. Purmannus. Schediasma de certaminibus gymnasticis veterum. 1792.— Jo.-Frid. Leisner. De Pleiade tragicorum græcorum. (*Ciza*), 1745. — G. Hermann.

Curarum Æschylearum specimen. *Heidelbergæ*, 1812. — Du même : Dissertationes de Æschyli tragœdiis. 1814-1845, 7 parties.

796. F. Daniele Concina. De spectaculis theatralibus christiano cuique tum laïco, tum clerico vetitis dissertationes duæ. *Venetiis*, 1754, in-4, veau.

797. Nicolai Calliachi, De Ludis scenicis mimorum et pantomimorum, etc. *Patavii*, 1713, in-4, veau.

798. Petri Fabri Agonisticon, de re athletica ludisque veterum, etc. *Lugduni*, 1592, in-4, cartonné.

799. De Berger. Commentatio de personis, vulgo larvis seu mascheris. *Francof. et Lips.*, in-4, vélin.

800. Lud. Bolzon. Quæstionum mimicarum Specimen. *Berolini*, 1852, in-8.

801. Recueil d'opuscules intitulé : *Théâtre antique; Dissertations diverses*. In-8, demi-maroq. noir.

Munck (Ed.). De Fabulis atellanis. *Lipsiæ*, 1840. — Lucas (C.-G.). Cratinus et Eupolis. *Bonnæ ad Rhenum*, 1826. — Dumersan (T.). Comparaison du théâtre romain avec le théâtre grec. *Paris*, 1808. — Fritzschius (F.-V.). De carmine Aristophanis mystico. *Rostochii*. — Becher (F.-L.). Dec. Laberii mimi Prologus, præcedit historia poeseos mimicæ apud Romanos. *Lipsiæ*, 1737. — Hermanni (C.-F.) de Distributione personarum inter histriones in tragœdiis græcis. *Marburgi*, 1840.

802. Recueil d'opuscules intitulé : *Théâtre grec*. In-8, demi-maroq. violet.

C.-F. Hermann. Disputatio de distributione personarum inter histriones in tragœdiis græcis. *Marburgi*, 1840, in-8. — C.-E.-F. Aschevion. De Parodo et epiparodo tragœdiarum græcarum. *Berolini*, 1856, in-8. — R. Schultze. De Chori Græcorum tragici habitu externo. *Berolini*, 1857. — Wellauer. Commentationum æschylearum specimen. *Vratislaviæ*, 1819. — Rob. Enger. De Æschyliis antistrophicorum responsionibus. *Vratislaviæ*, 1836.— F. Bamberger. De Carminibus Æschyleis a partibus chori cantatis. *Marburgi Cattorum*, 1832. — A.-H.-A. Ekker. Dissertatio de choro æschyleo. *Tr. ad Rh.*, 1849, in-8. — C. Friederichs Chorus Euripideus comparatus cum Sophocleo. *Erlangæ*, 1853. — Lavedan et Quinton. Souvenir de la représentation d'OEdipe à Colone, etc. *Orléans*, 1857. — G.-A. Hanow. Exercitationum criticarum in Comicos Græcos particula. *Halis Sax.*, 1830. — G.-H. Kolster. De parabasi veteris comœdiæ atticæ parte antiquissima. *Altonæ*, 1829.

803. Recueil d'opuscules intitulé : *Théâtre grec et latin*. In-8, demi-maroq. la Vallière foncé.

E. Talbot. De ludicris apud veteres laudationibus. *Parisiis*, 1850. —A.-Ed. Chaignet. Des Formes diverses du chœur dans la tragédie grecque. *Paris*, 1865. — G. Boissier. De la Signification des mots *saltare* et *cantare tragœdiam*. *Paris*, 1861, in-8. — Du même : Les Tragédies de Sénèque ont-elles été représentées? *Paris*, 1861, in-8. — Henri Weil. La Règle des trois acteurs dans les tragédies de Sénèque. *Paris*, 1864. — J. Cäsar. Der Prometheus des Æschylus. *Marburg*, 1860. — G.-A. Becker. De comicis Romanorum fabulis Quæstiones. *Lipsiæ*, 1837.

804. Recueil d'opuscules intitulé : *Boeckh.; Karsten*. In-8, demi-maroq. violet.

Boeckhius (A.). Græcæ tragœdiæ principum, Æschyli, Sophoclis, Euripidis. *Heidelbergæ*, 1808. — Karsten (S.). Specimen litterarium quo continentur tria Pindari carmina. *Trajecti ad Rhenum*, 1825.

805. Recueil d'opuscules intitulé : *Tragédie ancienne*. In-8, demi-maroq. vert.

Schneiderus (G.). De Originibus tragœdiæ græcæ. *Vratislaviæ*, 1817. — De Originibus comœdiæ græcæ. *Vratislaviæ*, 1817. — Haym (R.). De rerum divinarum apud Æschylum conditione. *Berolini*, 1843. — Weill (H.). De tragœdiarum græcarum cum rebus publicis conjunctione. *Parisiis*, 1844. — Wieseler (F.). Adversaria in Æschyli Prometheum vinctum et Aristophanis Aves. *Gottingæ*, 1843. — Neukirch. (I.-H.). De Fabula togata Romanorum. *Lipsiæ*, 1833.

806. Recueil d'opuscules intitulé : *Théâtre latin, Boissier, etc.* In-8, demi-maroq. violet.

B.-G. Hoelscher. De personarum usu in ludis scenicis apud Romanos. *Berolini*, 1841. — Grysar. Ueber das Canticum und den Chor in der Römischen Tragödie. *Wien*, 1855. — G. Boissier. 1° Quomodo poetas gr. Plautus transtulerit? — 2° Le Poëte Attius, étude sur la tragédie latine pendant la républ. *Paris*, 1857.

807. Recueil d'opuscules intitulé : *Théâtre ancien*. In-8, demi-maroq. myrthe.

Car. Lachmanni. De mensura tragœdiarum liber singularis. — *Berolini*, 1822. — G. Hermann. Observationes criticæ in quosdam locos Æschyli et Euripidis. *Lipsiæ*, 1798.— A. Lindner. Cothurnus sophocleus. *Berolini*, 1860. — Guil. Wagner. Quæstionum de Ranis Aristophanis specimen. *Vratislaviæ*, 1837.

808. Charles Magnin. Les Origines du théâtre moderne. Tome premier (unique). *Paris*, 1838, in-8, broché.

809. P.-I. Uylenbroek. De Choro tragico Græcorum. *Lugd.-Batavorum*, 1846, in-8, demi-rel.

810. Frid. Stieve. De Rei scenicæ apud Romanos origine. *Berolini*, 1828, p. in-8, cartonn. rouge.

811. G.-Frid. Wunderlich. Observationes criticæ in Æschyli tragœdias tragœdiarumque reliquias. *Gottingæ*, 1809, in-8, cartonn. gris marbré.

812. H.-C.-A. Eichstädt. De Dramate Græcorum comico-satyrico imprimis de Sosithei Lytiersa. *Lipsiæ*, 1793, in-8, demi-veau.

813. Recueil d'opuscules intitulé : *Opuscules sur le Théâtre*. In-12, demi-maroq. vert foncé.

Grimm. Le Petit Prophète de Boehmischbroda. 1753. — Saint Roch et saint Thomas, nouvelle. *Paris*, 1802.

814. Recueil d'opuscules intitulé : *Jul. Cæs. Bulenger*. In-12, veau.

J.-C. Bulengeri. De venatione circei et amphitheatri. *Lutetiæ Parisiorum*,

1698. — Onuphrii Panunii Veronensis. De Ludis Circensibus; de Triumphis. *Parisiis*, 1601. — J.-C. Bulengeri Juliodunensis. Liber de Spoliis bellicis, trophæis, arcubus triumphalibus et pompa triumphi. *Parisiis*, 1601

815. Julii Cæsaris Bulengeri Juliodunensis, de theatro ludisque scenicis. *Tricassibus*, 1603, in-8, vél.

816. J.-C. Bulengeri De Circo romano ludisque circensibus. *Lutetiæ-Parisiorum*, 1698. — De Conviviis, lib. IV. *Lugduni*, 1627. — De ludis privatis, ac domesticis veterum lib. unicus. *Lugduni*, 1627. — De Pictura, Plastice, Statuaria lib. II. *Lugduni*, 1827, 4 part. en 1 vol. in-12 rel.

817. P. Castellani. De Festis græcorum syntagma. De Mensibus atticis. *Antverpiæ*, 1617, in-12, vélin.

818. Le P. Pierre Lebrun. Discours sur la Comédie, etc. *Paris*, 1731, in-12, rel. veau.

819. P. Francisco Lang. Dissertatio de actione scenica, avec figures. *Monachii*, 1727, 1 vol. in-8, v.

820. Oct. Ferrarii De pantomimis et mimis... cum duab. epistolis, una Jacobi Facciolati, altera J.-P. Slevogtii, et J. Fabricii... *Volffenbuttelii*, 1714. — Beverini, de Romanorum Comitiis, 1711, 2 p. en 1 vol. in-12.

821. Johan Jonstonii De festis Hebræorum et Græcorum Schediasma. *Jenæ*, 1670, in-12 vél.

822. Joannis Alstorphii Dissertatio philologica de lectis. *Amsterdam*, 1704. — Banaabas Brisson, de spectaculis. *Gondæ*, 1697, 2 part. en 1 vol. in-12, parchemin.

823. L'Aulnaye (de). De la Saltation théâtrale, ou Recherches sur l'origine, les progrès et les effets de la pantomime chez les anciens. *Paris*, 1790, in-8.

824. Magny. Principes de chorégraphie, suivis d'un Traité de la cadence, etc. *Paris*, 1765, in-8, rel. v. an.

825. Ch. Blasis. Traité, etc. de l'art de la danse. *Milan*, 1820, in-8, cart.

826. A. Baron. Lettres à Sophie sur la danse, suivies d'entretiens sur les danses anciennes, mod., relig., civ. et théâtrale. *Paris*, 1825, in-8, demi-maroq. vert, fig.

827. Bonnet. Histoire générale de la danse sacrée et profane. *Paris*, 1724, p. in-8.

828. Compan. Dictionnaire de danse. *Paris*, 1787, p. in-8.

829. Noverre. Lettres sur la danse et sur les ballets. *Lyon*, 1760, in-16, demi-rel. veau.

830. Elise Voiart. Essai sur la danse antique et moderne. *Paris*, 1823, in-12 cart.

831. Castil-Blaze. La Danse et les Ballets depuis Bacchus jusqu'à Mlle Taglioni. *Paris*, 1832, in-12.

832. F. Fertiault. Histoire anecdotique et pittoresque de la danse chez les peuples anciens et modernes. *Paris, Aubry*, 1854, in-12.

N. ARCHÉOLOGIE.

N a. ARCHÉOEOGIE GÉNÉRALE.

833. Recueil de huit opuscules sur l'archéologie, par Le Pré vost, Raoul-Rochette, Lajard, etc. 1832-40, 8 part. en 1 vol. gr. in-4, demi-veau bleu.

834. Recueil d'opuscules par Cousinery, Ch. Lenormand, Hamaker, Barthélemy, etc., sur les antiquités. 7 parties en 1 vol. gr. in-4, demi-veau vert.

835. Lodovici Cælii Rhodigini Lectionum antiquarum libri XVI. *Basileæ*, 1517, in-folio parchemin.

836. Joach. Camerarius. Commentarii utriusque linguæ in quibus : Exquisitio nominum quib. partes corporis humani appellari solent, etc. *Basileæ*, 1551, in-fol. vélin.

837. Marci Velseri. Opera historica et philologica, sacra et profana. *Norimbergæ*, 1682, vélin, in-folio.

838. Leonis Allatii Diatribæ tres ineditæ de Nicetis, de Philonibus, de Theodoris, edidit Ang. Maï. *Romæ*, 1853, in-folio, demi-rel. mar.

839. Histoire chronologique de l'art du dessin... d'après les mss. de Virgile. Gr. in-4.

840. C.-T. de Murr. Mantissa ad inscriptiones extemporales classiariorum Pompeianorum. *Norimbergæ*, 1793, gr. in-4.

841. C.-J.-C. Reuvens. Oratio de laudibus archæologiæ. *Lugduni Batavorum*, 1818, gr. in-4.

842. Vargès. De Statu Ægypti. *Gottingæ*, 1842. — De Sacy. Mémoires sur la Perse. *S. d.* — Franck. Mémoires sur la Kabale. *Paris*, 1839, etc. 9 part. en 1 vol. in-4, demi-rel.

843. Letronne. Mémoires divers. 11 parties en 1 vol. in-4, demi-maroq. bleu.

844. Recueil d'opuscules, par Thiersch, Letronne, Hase, etc. (Antiquités: Philologie; Mélanges). 6 parties en 1 vol. in-4, demi-maroquin vert.

845. Recueil d'opuscules sur la statue vocale de Memnon, par Letronne, Levesow, etc. 5 parties en 1 vol. in-4, demi-maroq. vert.

846. Letronne. Matériaux pour l'histoire du christianisme en Egypte, en Nubie et en Abyssinie, etc., contenus dans 3 mémoires. *Paris*, 1832, in-4, demi-veau fauve.

847. — Sur l'Évaluation des monnaies grecques et romaines. *Paris*, 1817, in-4.

848. Recueil d'opuscules extraits du Journal des savants, de l'Académie des Inscriptions, etc., par Larcher, Dacier, De Guignes, Rossignol, Miller et autres. 11 parties en 1 vol. in-4, demi-maroq. bleu.

849. Recueil d'opuscules par Ch. Lenormant, sur les hiéroglyphes d'Horapollon, etc. 2 part. en 1 plaq. gr. in-4, demi-maroq.

850. Recueil d'opuscules intitulé : *Mélanges de littérature*. 4 part. en 1 vol. gr. in-4. demi-veau jaune.

851. Recueil d'opuscules sur l'archéologie, par Raoul-Rochette, Lenormant, Giraud, etc. 11 part. en 1 vol. in-4, demi-mar. vert.

852. Recueil d'opuscules sur l'archéologie, par Bossi, Bode, Ernesti, Regel, Petersen, Hermann, Dessen et Ewald. 12 part. en 1 vol. in-4, demi-mar. vert.

853. Leonis Allatii Animadversiones in antiquitatum etruscarum fragmenta ab Inghiramio edita. *Paris, S. Cramoisy*, 1640, in-4.

854. — Opuscula tria : 1° De libris et rebus ecclesiasticis Græcorum; 2° In antiquitatum etruscarum fragmenta; 3° In Socratis et socraticorum epistolas; editio nova. *Paris, Cramoisy*, 1681, in-4.

855. Ed.-Fr. Combefis. Leon. Allatii de Symeonum scriptis diatriba; Symeonis Metaphr. Laudatio, auct. Mich. Psello, etc. *Parisiis*, 1664, in-4, vélin.

856. Leon. Allatii Hellas (poëme) in natales Delphini Gallici. *Romæ*, 1642, in-4, v.

857. J.-G. Grævii Syntagma variarum dissertationum rariorum. *Ultrajecti*, 1702, in-4, v. br.

858. J. Vossii variarum observationum liber. *Londini*, 1685, gr. in-4.

859. Jo. Meursii Denarius Pythagoricus, sive de numerorum qualitate, etc. *Lugd. Batav.*, 1631. — Ejusdem Fortuna attica. *Lugd. Bat.*, 1622, 2 part. en 1 vol. in-4, vél.

860. — De populis Atticæ liber singularis. *Lugduni Batavorum*, *Elzevir*, 1616, in-4, parch.

861. — Creta, Cyprus, Rhodus. *Amstelodami*, 1675, in-4.

862. — Theseus, liber posthumus. *Ultrajecti*, 1684, pet. in-4, veau brun.

863. Herm. von der Hardt. Opera varia. *Hemst.*, 1705-1723, 11 part. en 1 vol. in-4.

864. M. Spon. Recherches curieuses d'antiquités contenues en plusieurs dissertations sur des médailles, bas-reliefs, statues, mosaïques et inscriptions antiques, enrichies d'un grand nombre de figures en taille-douce. *Lyon*, 1683, in-4, veau.

865. Schwartz. Dissertationes selectæ, collegit Harles. *Erlangæ*, 1778, 11 part. en 1 vol. in-4, rel.

866. Mémoires pour servir à l'histoire des sciences, ou Journal des antiquités découvertes en Europe depuis 1809 jusqu'à 1813 inclusivement. *Paris*, 1814 (*manuscrit*), in-4, cartonné.

867. Accademia etrusca. Saggi di Dissertazioni dell' antichissima città di Cortona. *Roma*, 1735, 4 vol. in-4, demi-veau violet.

868. La Historia universale, provata con monumenti, e figurata con simboli degli Antichi, da Ant. Gius. Barbaza, pittore e incisore romano. *Roma*, 1747, in-4, cart. gris.

869. Ph. Camerarius. Operæ horarum subcisivarum, sive Meditationes historicæ auctiores quam antea editæ, etc.; centuria I[a], III[a]. *Francofurti*, 1644-1650, pet. in-4, vélin.

870. Recueil d'opuscules intitulé : *Mélanges d'archéologie*, par Pierrugues, Berriat-St-Prix, de Neufchâteau, etc. in-8, demi-veau fauve.

871. Recueil d'opuscules sur l'archéologie, par de Golbéry, de Caumont, etc. 10 pièces en 1 vol. in-8, demi-v. fauve.

872. Recueil d'opuscules sur divers sujets d'antiquités, par de Talairat, Berryat-St-Prix, Gaillard, Guillon de Montléon, etc. 16 part. en 1 vol. in-8, demi-maroq.

873. Recueil d'opuscules sur l'archéologie, par Cartier,

Nève, Rouge, Vinet, Langlois, Breton, Biot, Petit-Radel, etc. 20 pièces en 1 vol. in-8, demi-maroq.

874. Recueil d'opuscules sur l'archéologie (vases), par Minervini, de Witte, Millin, de Longpérier, etc. 7 pièces en 1 vol. in-8.

875. Recueil d'opuscules de J.-J. Bellermann, sur l'archéologie. 1806-1814, 3 part. en 1 vol. in-8, demi-maroq. vert foncé.

876. Recueil d'opuscules par Bellermann (Phönizische und Punische Münzen). 1812-1821, in-8, demi-mar. vert foncé.

877. Recueil d'opuscules de J.-J. Bellermann sur l'archéologie. 1817-1831, 4 part. en 1 vol. in-8, demi-maroq.

878. J.-J. Bellermann. Die Urim und Thummim, die altesten Gemmen. *Berlin*, 1824, in-8, cart.

879. Raoul-Rochette. Mémoire sur les représentations figurées du personnage d'Atlas. *Paris*, 1835, 1 vol., demi-veau brun, in-8.

880. Quatremère de Quincy. Recueil de dissertations archéologiques. *Paris*, 1836, 6 part. en 1 vol. in-8, demi-rel. mar.

881. Recueil d'opuscules sur la peinture antique, par Raoul-Rochette. 3 part. en 1 vol. in-8.

882. Recueil d'opuscules par Letronne. *Paris*, 1812-14, 3 part. en 1 vol. in-8.

883. Recueil d'opuscules par Letronne, Champollion et Lajard. *Paris*, 1824-40, 12 part. en 1 vol. in-8, demi-maroq. rouge.

884. Letronne. Recherches pour servir à l'histoire de l'Égypte pendant la domination des Grecs et des Romains, tirées des inscriptions grecques et latines. *Paris*, 1823, in-8, demi-rel. veau vert.

885. Recueil d'opuscules par Letronne, sur la peinture murale et les noms propres grecs. *Paris*, 1835-46, 3 part. en 1 vol. in-8, demi-maroq. vert.

886. Recueil d'opuscules par Letronne, Dulaurier, Delaprade, Saisset, etc. 11 part. en 1 vol. in-8, demi-maroq. vert.

887. J.-A. Letronne. Mémoires et documents publiés dans la Revue archéologique (publication posthume). *Paris*, 1849, in-8.

888. Alfred Maury, etc. Notices sur J.-A. Letronne et Discours prononcés à ses funérailles, avec portrait. *Paris*, 1849 in-8, broché jaune.

889. Recueil d'opuscules sur l'archéologie par Lenormant, Birch, etc. 12 parties en 1 vol. in-8, rel.

890. Ch. Lenormant. Commentaire sur *le Cratyle* de Platon (oùvrage posthume publié par F. Lenormant). *Athènes*, 1861, in-8.

891. Recueil d'opuscules de Lenormant, sur l'archéologie. 1852-60, 15 part. en 1 vol. in-8 demi-mar. rouge.

892. F. Lenormant. Essai sur l'organisation politique et économique de la monnaie dans l'antiquité. *Paris*, 1853, in-8. — Collection Raiffé, in-8. — Médailles du Cabinet de Behr. 1857, 3 part. en 1 vol. in-8.

893. — Recherches archéologiques à Eleusis, exécutées dans le cours de l'année 1860 (recueil des inscriptions). *Paris*, 1862, in-8.

894. — Monographie de la voie sacrée éleusinienne. *Paris*, 1864, gr. in-8, demi-maroq.

895. Recueil d'opuscules par Wolff, Jomard, Desmoulins, etc. 1845, 7 parties en 1 vol. in-8, demi-veau brun.

896. Recueil d'opuscules sur les inscriptions et l'archéologie, par Curtius, Duméril, Petit-Radel, etc. 11 part. en 1 vol. in-8, demi-maroq. marron.

898. Leo Allatius. De Templis Græcorum recentioribus. — De Narthece ecclesiæ veteris. — De Græcorum hodie quorumdam opinationibus. *Cologne*, 1645. — De Mensura Temporum. *Cologne*, 1645. — Confutatio fabulæ de Joanna papissa. *Cologne*, 1645, etc. 4 part. en 1 vol. in-8, veau.

899. Alexander ab Alexandro. Genialium dierum libri sex, cum integris commentariis A. Tiraquelli, D. Gothofredi, Chr. Coleri et N. Merceri. *Lugd. Batav.*, 1673, 2 vol. pet. in-8, vél.

900. G. G. Bredow. Epistolæ parisienses in quibus de rebus variis, quæ ad studium antiquitatis pertinent, agitur. *Lipsiæ*, 1812, 1 vol. in-8, broché.

901. L.M. Gesnerus. Primæ lineæ Isagoge, in eruditionem universalem. *Lipsiæ*, 1784, 2 t. en 1 vol. in-8, demi-v. marron.

902. Ernesti. Archæologia literaria, editio altera, emendata atque aucta opera et studio Georgii Henrici Martini. *Lipsiæ*, 1790, 1 vol. in-8, demi-rel. v. vert.

903. H. Fortoul. Études d'archéologie et d'histoire. *Paris*, *F. Didot*, 1854, 2 vol. in-8.

904. Edelestand du Méril. Études sur quelques points d'archéologie et d'histoire littéraire. *Paris*, 1862, in-8.

905. Dr W.-Ad. Schmidt. Forschungen auf dem Gebiete des

Alterthums. Erster Theil. — Die Griechischen Papyrusurkunden der königlichen Bibliotek zu Berlin. *Berlin*, 1842, in-8, br.

906. Recueil d'opuscules de Silvestre de Sacy. 7 parties en 1 vol. pet. in-8, cart. marb.

907. Joachimi Camerarii : 1° De græcis latinisque numerorum notis et præterea sarracenicis seu indicis. *Lipsiæ*, 1525, in-8, demi-v. fau. clair. — 2° Explicatio in Nicomachiæ Deductionis ad scientiam numerorum ex duobus libris priorem.

908. Ed.-Joach. Camerarius. 1° Archytas Tarentin. 2° Dialepsis de logica (Anonymi); 3° Alius anonymi in modos philosophiæ; 4° G. Pachymère, De Sex definitionibus philosophiæ. *Lipsiæ, s. d.*, pet. in-8, demi-maroq. vert.

909. — Arithmologia ethica, cum interpretatione latina. *Lipsiæ*, 1751, pet. in-8, v. plein.

910. L. Lycius. Præcepta vitæ honestæ et laudatæ, etc., latine versa. *Lipsiæ*, 1562, in-12, demi-rel. dos vert.

911. Joach. Camerarius. Historiæ Jesu Christi filii Dei nati in terra Expositio.— Acced. Vitæ apostolorum. *Lipsiæ*, 1566, pet. in-8, demi-rel. mar. viol.

912. — Commentarius de generibus divinationum ac græcis latinisque earum vocabulis. *Lipsiæ*, 1576, 1 vol. pet. in-8, peau de truie.

913. Ed.-Leo Allatius. Procli Paraphrasis in libros Ptolemæi de siderum effectione. *Lugd. Batav.*, 1635, pet. in-8.

914. Philo Byzantius. De septem orbis spectaculis, ed. L. Allatius, gr.-lat. (ed. princeps). *Romæ*, 1640, pet. in-8, v. fauv. marb.

915. Leonis Allatii Excerpta varia græcorum sophistarum ac rhetorum. *Romæ*, 1641, 1 vol. in-8, vélin.

916. — Symmikta, sive opusculorum græcorum et latinorum vetustiorum ac recentiorum libri duo. Edente Bartoldo Nihusio. *Coloniæ Agrippinæ*, 1653, pet. in-8, vél. (éd. complète).

917. — De Ætate et interstitiis in collatione ordinum etiam apud Græcos servandis... *Romæ*, 1638, pet. in-8, vél.

918. — De utriusque occidentalis atque orientalis perpetua in dogmate de Purgatorio consensione. *Romæ*, 1655, pet. in-8, vél.

919. J. Morinus. Antiquitates Ecclesiæ Orientalis clarissimorum virorum, card. Barberini, etc. *Londini*, 1682, gros in-12, v.

920. L. Allatius. De Erroribus magnorum virorum in dicendo dissertatio rhetorica. *Romæ*, 1635, pet. in-8, vél.

921. — De Patria Homeri (acced. Natales Homeri, poem. Allatii, lat. interpr. Andr. Baiano). *Lugduni*, 1640, pet. in-8, v. br.

922. — De Psellis et eorum scriptis diatriba. *Romæ*, 1634, pet. in-8, rel. v.

923. P.-Michaelis Pexenfelder. Apparatus eruditionis tam rerum quam verborum per omnes artes et scientias instructus opera et studio, editio quinta. *Coloniæ Munatianæ*, 1744, 1 vol. pet. in-8, demi-rel. v. br.

924. Nicolai Leonici Thomæi, de Varia Historia libri tres. *Lugduni*, 1555, 1 vol. pet. in-8, vél.

925. Baudelot de Dairval. De l'Utilité des voyages et de l'avantage que la recherche des antiquités procure aux savants. *Paris*, 1686, 2 vol. in-12, v. br.

926. Champollion-Figeac. Résumé complet d'archéologie. *Paris*, 1825-1826, 2 vol. in-32.

927. Jo. Nicolai Tractatus de Græcorum luctu. *Thielæ*, 1697, pet. in-12, vél.

928. Johannis Nicolai Diatribe de Juramentis Hebræorum, Græcorum, etc. *Francfort*, 1700, in-12, cart.

929. L.-G.-M. Carpentier. Trésor latin d'histoire, de géographie et de mythologie, ou Dictionnaire abrégé des noms historiques, géographiques, etc. *Paris*, 1832, in-12, br.

930. Et.-G. Schlegelius. Opuscula quæ latine scripta reliquit, ed. Boecking. *Lipsiæ*, 1848, pet. in-8.

931. Ign. Weitenauer. Symbolica, epigrammata, lapidaria. *Augustæ Vind.*, 1757, pet. in-8, v.

932. Hadr.-Junius Hornanus. Animadversa. Ejusdem de Coma commentarium; accedit Appendix. *Roterodami*, 1708, pet. in-8, vél.

933. Justi Lipsii Opera omnia. *Vesaliæ*, 1675, 4 vol. in-8, demi-rel.

934. Fr. Lenormant. Manuel d'histoire ancienne de l'Orient jusqu'aux guerres médiques. 1868, in-12.

N b. Archéologie locale.

N ba. *Archéologie orientale.*

935. J. Oppert et J. Ménant. Les Fastes de Sargon, roi d'Assyrie (721 à 703 av. J.-Ch.), traduits et publiés d'après le

texte assyrien de la grande inscription des salles du palais de Khorsabad. *Paris*, 1863, in-fol.

936. Ath. Kircher. Obelisci Ægyptiaci nuper inter Isæi romani rudera interpretatio hieroglyphica. *Romæ,* 1666, in-fol. demi-rel.

937. Recueil d'opuscules d'archéologie orientale, par Eichhoff, Oppert, Stanislas Julien, etc., 8 part. en 1 vol. gr. in-8, demi-mar. viol.

938. Labaume. Recherches asiatiques, ou Mémoires de la Société établie au Bengale. *Paris, Impr. impér.,* 1805, 2 vol. in-4.

939. Recueil d'opuscules sur l'archéologie orientale, par Bergmann, Brecher, de Saulcy, etc. 2 parties en 1 vol. in-8, demi-maroq. viol.

940. Recueil d'opuscules sur les langues phénicienne et punique, par Constantin, Judas et de Saulcy. 4 parties en 1 vol. in-8, demi-maroq. viol.

941. Recueil d'opuscules sur l'archéologie orientale, par L. Benloew, Guérin, Robert, Sainte-Croix et de Saulcy. 7 part. en 1 vol. in-8, demi-maroq. noir.

942. Abel Rémusat. Nouveaux Mélanges asiatiques. *Paris,* 1829, 2 vol. in-8.

943. Reinaud. Description des monuments musulmans du cabinet de M. le duc de Blacas. *Paris,* 1828, 2 tom. en 1 vol. demi-rel. v. viol.

944. — Fragments arabes et persans inédits, relatifs à l'Inde, antérieurement au XIe siècle de l'ère chrétienne. *Paris,* 1845, in-8, br.

945. — Relations politiques et commerciales de l'empire romain avec l'Asie orientale, etc., avec 4 cartes. *Paris,* 1863, in-8.

946. Le Rév. P. Louis Le Comte. Des Cérémonies de la Chine. *Anvers,* 1700, 1 vol. pet. in-8, v.

947. Petri Petiti de Amazonibus Dissertatio. *Lutetiæ-Parisiorum,* 1685, in-12, v. br.

948. L'abbé Guyon. Histoire des Amazones anciennes et modernes. *Paris,* 1740, in-12, rel. v.

949. Histoire des Amazones anciennes et modernes, enrichie de médailles. *Amsterdam,* 1748, in-12, v. br.

950. Michaelis. Recueil de questions proposées à une société de savants qui... font le voyage de l'Arabie (trad. de l'allemand). *Francfort-sur-le-Mayn,* 1763, pet. in-8, v. vert.

951. W. Ouseley esq. Epitome of the ancient history of Persia extracted and translated from the Jehan ara, a persian

manuscript. *London*, 1799, pet. in-4, cartonné, avec une carte et une gravure.

952. De Fortia d'Urban, Bérose et Annius de Viterbe, ou les Antiquités chaldéennes. *Paris*, 1808, pet. in-8, broché.

N bb. *Égypte.*

953. F. Licetus. Hieroglyphica, sive antiqua schemata gemmarum, amularium quæsita moralia, etc. *Patavii*, 1653, in-fol. vélin.

954. Aug. Mariette. Description des fouilles exécutées en Égypte par Aug. Mariette, etc. 1re série des fouilles, 1850-54, tome Ier, livr. I-V. *Paris*, 1863, in-fol.

955. J.-B. Greene. Fouilles exécutées à Thèbes dans l'année 1855. Textes hiéroglyphiques, etc. *Paris, F. Didot*, 1855. gr. in-fol.

956. Jo. Pierii Valeriani Hieroglyphica. *Basileæ*, 1575, in-fol. veau.

957. Delaulnaye. Histoire génér. et part. des religions et du culte de tous les peuples du monde, tant anciens que modernes. Tome I (Religion des Égyptiens). *Paris*, 1791, in-4, demi-maroq. vert.

958. E. Jomard. Mémoire sur le système métrique des anciens Égyptiens. *Paris*, 1817, 1 vol. in-fol., demi-maroq. marron.

959. Henri Brugsch. Numerorum apud veteres Ægyptios demoticorum doctrina. *Berolini*, 1849, in-fol. cart.

960. J. L. Ideler. Hermapion, sive Rudimenta hieroglyphicæ veterum Ægyptiorum literaturæ. *Lipsiæ*, 1841, gr. in-4.

961. R. Lepsius. Das bilingue Dekret von Kanopus, etc. Iter Theil (Introduction, texte grec et traduction; texte hiérogl. et trad. interlinéaire). *Berlin*, 1866, in-fol.

962. Recueil d'opuscules sur l'archéologie de l'Égypte et de la Palestine, par Sickler Salvolini, Mariette, Biancone, Richter, Bellermann, de Saulcy, Wagener, etc. 12 parties en 1 vol. gr. in-4, demi-maroq. vert.

963. Recueil d'opuscules sur les hiéroglyphes et monnaies, par Thilorier, Dubois, de Saulcy, Raoul-Rochette. 4 part. en 1 vol. gr. in-4, demi-veau fauve.

964. Laurentius Pignorius. Vetustissimæ tabulæ æneæ Explicatio, id est Mensæ isiacæ Expositio. *Venetiis*, 1605, 1 vol. in-4, vélin.

965. Ath. Kircheri Prodromus Coptus, sive Ægyptianus. *Romæ*, 1636, in-4, veau brun.

966. De antiquis Ægyptiorum Ritibus, auctore Casalio Romano. *Romæ*, 1644, 1 vol. in-4, vélin..

967. Hermanni Witsii Ægyptiaca, sive de Ægyptiacorum sacrorum cum Hebraicis collatione libri tres et de decem tribubus Israelis. *Amsterdam*, 1696, in-4, parch.

968. Jablonski, de Memnone Græcorum et Ægyptiorum hujusque celeberrima in Thebaide statua syntagmata III, cum figuris æneis. *Francofurti ad Viadrum*, 1753, 1 vol in-4, veau.

969. C. H. Chph. Nordmeyer. Commentatio calendarium Ægypti œconomicum sistens. *Gottingæ*, 1792, in-4, cart. vert.

970. Champollion le Jeune. Mémoire sur les signes employés par les anciens Égyptiens à la notation des divisions du temps. *Paris*, 1841, in-4, demi-rel.

971. Jomard. Description d'un étalon métrique orné d'hiéroglyphes, découvert dans les ruines de Memphis par les soins de M. le chevalier Drovetti. *Paris*, 1822, in-4, cartonné à la Bradel.

972. Hipp. Rosellini Elementa linguæ ægyptiacæ vulgo copticæ. *Romæ*, 1837, in-4.

973. L. Labat. L'Égypte ancienne et moderne. *Paris*, 1840, gr. in-8.

974. Ameilhon. Éclaircissements sur l'inscription grecque du monument trouvé à Rosette. *Paris, an XI* (1803), in-4, demi-veau vert.

975. H. Brugsch. Inscriptio rosettana hieroglyphica, etc.; accedunt Glossarium ægyptiaco-coptico latinum atque IX tabulæ lithographicæ, etc. *Berolini*, 1851, gr. in-4.

976. H. Brugsch. Lettre à M. le vicomte M. de Rougé, au sujet de la découverte d'un manuscrit bilingue sur papyrus, en écriture démotico-égyptienne et en grec cursif. *Berlin*, 1850, gr. in-4.

977. — Matériaux pour servir à la reconstruction du calendrier des anciens Égyptiens. Partie théorique accompagné de 13 planches lithographiées. *Leipzig*, 1864, in-4, cartonné dos percale violette.

978. R. Lepsius. Ueber eine Hieroglyphische Inschrift am tempel von Edfu. *Berlin*, 1855, in-4, cartonn.

979. Letronne. Inscriptions grecques et latines de l'Egypte.

Tome Ier, 1842; II, 1848, 2 vol. Atlas, 1848, in-4, demi-maroq. rouge.

980. — Nouvelles Recherches sur le calendrier des anciens Egyptiens, sa nature, son histoire et son origine. *Paris*, 1863, in-4, demi-toile noire.

981. F. de Persigny. De la Destination et de l'utilité permanente des pyramides d'Egypte et de Nubie contre les irruptions sablonneuses du désert. *Paris*, 1845, gr. in-8, percale noire.

982. B. Schnepp. Mémoires ou travaux originaux présentés et lus à l'Institut égyptien, publiés sous les auspices du vice-roi d'Egypte, sous la direction du docteur B. Schnepp, t. Ier. 1862, in-4.

983. E. de Rougé. Catalogue des signes hiéroglyphiques de l'Imprimerie nationale. *Paris, J. J.*, 1851, in-4.

984. M. Ad. Uhlemann. Inscriptionis rosettanæ hieroglyphicæ decretum sacerdotale. *Lipsiæ*, 1853, in-4, dos en percale rouge.

985. Texte arabe de Ahmad ben Abubekr ben Wahshih, traduit en anglais par Joseph Hammer. (Ancient alphabet and hieroglyphic characters explained, etc.) *London*, 1806, in-4, carton. gris.

986. Voyage d'un Egyptien en Syrie, en Phénicie, en Palestine, etc., au XIVe siècle avant notre ère, publié par Chabas et Goodwin. *Chalon-sur-Saône et Paris*, 1866, gr. in-4.

987. F. Chabas. Voyage d'un Egyptien en Syrie. Réponse à la critique. *Chalon-sur-Saône et Paris*, 1868, gr. in-4.

988. Jo. Bainbrigius. Canicularia una cum demonstratione ortus Sirii heliaci pro parallelo inferioris Ægypti, auctore Jo. Gravio. *Oxoniæ*, 1648, in-4. (Manuscrit copié sur l'exemplaire de la Biblioth. nationale noté. V. 2333.)

989. Jablonski. Pantheon Ægyptiorum. *Francof.*, 1750, 1 t. en 3 part. in-8.

990. P. Ern. Jablonski. Opuscula quibus lingua et antiquitas Ægyptiorum, etc., illustrantur, ed. T. Water. *Lugd. Batav.*, 1804-1813, 4 vol. in-8, vélin.

991. Recueil d'opuscules sur l'archéologie orientale et sur celle de l'Egypte, par Champollion le Jeune, V. Langlois, de Rougé, Mariette, etc. 14 pièces en 1 vol. in-8, demi-maroq. rouge.

992. Recueil d'opuscules sur le Zodiaque, par Testa, Saint-Martin, de Paravey, d'Ayzac, Leprince. 11 opuscules en 1 vol. in-8, demi-rel. mar. rouge.

993. Recueil d'opuscules sur les hiéroglyphes, par Champollion, Salvolini, Le Noir, Brawn, Angelin, etc. 10 parties en 1 vol. gr. in-8, demi-veau brun.

994. Recueil d'opuscules sur l'archéologie égyptienne, arabe, etc., par Henne, Wl. Brunet, Koxgarten, Gladish, de Sanlcy, Ampère, Marcel, Lacabane, Reinaud, etc. 15 part. en 1 vol. in-8.

995. Recueil d'opuscules sur les hiéroglyphes égyptiens, par Jomard, Berger de Xivrey, Champollion le Jeune, Ed. Dulaurier et Klaproth. 13 parties en 1 vol, in-8, rel. mar. v.

996. Recueil d'opuscules, intitulé : Sanchoniaton, Bérose, Manéthon. — Dissertations par Hengstenberg, Richter, Wagenfeld, Orelli, Lebas, Boeckh, etc. 6 parties en 1 vol. in-8, demi-maroq.

997. Recueil d'opuscules sur l'Egypte, par Laurens, Champollion, Nestor L'Hote, Rifaud, Salnier, etc. 8 parties en 1 vol. gr. in-4, demi-maroq. rouge.

998. Recueil d'opuscules sur l'archéologie égyptienne, par Fruin, Van Drival, Uhleman, Deveria, Rougé, Perrot, Poitevin. 12 part. en 1 vol. in-8, demi-maroq.

999. Recueil d'opuscules sur l'archéologie orientale et sur celle de l'Egypte, par Dulaurier, Klaproth, Letronne, Texier. 6 parties en 1 vol. in-8, demi-maroq. rouge.

1000. Recueil d'opuscules sur l'archéologie égyptienne, par Champollion le Jeune. 12 mémoires en 1 vol. in-8, demi-maroq. fauve.

1001. Recueil d'opuscules sur l'archéologie égyptienne, le Zodiaque, etc., par Du Mersan, Gaze, Parthey, etc. 6 pièces en 1 vol. in-8, demi-maroq.

1002. Horapollinis Hieroglyphica, ed. Leemans. *Amstelodami*, 1835, in-8, maroq. noir plein.

1003. Etienne Quatremère. Recherches critiques et historiques sur la langue et la littérature de l'Egypte. *Paris*, 1808, in-8, broché.

1004. — Observations sur quelques points de la géographie de l'Egypte. *Paris*, 1812, in-8, cart.

1005. L'abbé Halma. Examen et explication des zodiaques d'Egypte, 1re 2e et 3e partie. *Paris*, 1822, 2 vol. in-8.

1006. — Astrologie judiciaire et divinatoire égyptienne du planisphère zodiacal de Denderah déposé au Louvre, *Paris*, 1824, in-8.

1007. Champollion le Jeune. Lettres à M. le duc de Blacas

relatives au musée royal égyptien de Turin. 1re lettre, 1824; 2e lettre, 1826. *Paris, Didot*, in-8, cartonné.

1008. — Lettres écrites d'Egypte et de Nubie en 1828 et 1829; nouvelle édition. *Paris*, 1868, in-8.

1009. J.-G.-H. Greppo. Essai sur le système hiéroglyphique de M. Champollion le Jeune et sur les avantages qu'il offre à la critique sacrée. *Paris*, 1829, 1 vol. in-8, broché.

1010. De Paravey. Essai sur l'origine unique et hiéroglyphique des chiffres et des lettres de tous les peuples. *Paris*, 1826, gr. in-8, demi-veau brun.

1011. J. Passalacqua. Catalogue raisonné et historique des antiquités découvertes en Egypte, etc., avec 2 lithographies. *Paris*, 1826, in-8.

1012. J.-A. de Goulianof. Archéologie égyptienne, ou Recherches sur l'expression des signes hyéroglyphiques. *Leipzig*, 1839, 3 vol. in-8, brochés.

1013. Champollion-Figeac. Égypte ancienne. (Collection de l'*Univers pittoresque*.) *Paris*, 1840, in-8. Texte, demi-maroq. bleu. Atlas, dos percale bleue.

1014. W. Brunet de Presle. Examen critique de la succession des dynasties égyptiennes. 1re partie (seule parue). *Paris*, 1850, in-8.

1015. Champollion-Figeac. Annales des Lagides, ou Chronologie des rois grecs d'Égypte, successeurs d'Alexandre le Grand. *Paris*, 1819, 2 vol. in-8, demi-veau, bleu verdâtre.

1016. J. Saint-Martin. Nouvelles Recherches sur la mort d'Alexandre le Grand et sur la chronologie des Ptolémées, *Paris*, 1820, in-8, carton. bleu.

1017, Ægyptus, auctore Ibn al Vardi (arabe-latin), edidit Ch. Froehn. *Halæ*, 1804, in-8.

1018. H. Brugsch. Sammlung demotisch-griechischer Eigennamen ægyptischer Privatleute, etc. *Berlin*, 1851, in-8, cartonn. gris.

1019. F. Chabas. Mélanges égyptologiques, comprenant 11 dissertations, 1862. 2e série, 14 dissertations, 1864. *Chalon-sur-Saône et Paris*, in-8, demi-maroq. noir.

1020. Aug. Mariette-Bey. Notice des principaux monuments exposés dans les galeries provisoires du musée d'antiquités égyptiennes. *Alexandrie*, 1864, in-8.

1021. — Aperçu de l'histoire d'Égypte, depuis les temps les plus reculés jusqu'à la conquête musulmane; texte français, 1 vol.; texte arabe, 1 vol. *Alexandrie*, 1864, in-8.

1022. E. de Saulcy. Étude sur la série des rois inscrits à la salle des ancêtres de Touthmès III. (Extr. des Mém. de l'Acad. de Metz.) *Metz*, 1863, in-8.

1023. F.-J. Mathieu. L'Égypte ancienne et la Bible. *Turin*, 1865, in-8, demi-toile noire.

1024. Fridericus Andreas Stroth. Ægyptiaca, seu veterum scriptorum de Ritibus Ægyptiis, commentarii et fragmenta. *Gothæ*, 1782-84, 1 vol. en 2 parties pet. in-8, demi-maroq. rouge.

1025. Warburton. Essai sur les hiéroglyphes des Égyptiens. *Paris*, 1744, 2 vol. in-8, veau.

1026. L'Égypte de Murtadi, où il est traité des pyramides. De la traduction de Pierre Vattier, d'après un manuscrit arabe. *Paris*, 1666, 1 vol. demi-veau, in-12.

1027. Jac. Bailey. Hieroglyphicorum Origo et natura. *Cantabrigiæ*, 1816, in-8, cartonné.

1028. Le Landgrave Ch. de Hesse. La Pierre zodiacale du temple de Denderah expliquée. *Copenhague*, 1824, in-8, cartonn. marbré rouge orange.

1029. Jac. Perizoni Origines Babylonicæ et Ægyptiacæ. *Trajecti ad Rhenum*, 1736, 2 vol. in-8, brochés.

1030. Turbervillus Needham. De Inscriptione quadam Ægyptiaca Taurini inventa, Epistola. *Romæ*, 1761, p. in-8, demi-rel. marbré.

1031. La baronne de Minutoli. Mes Souvenirs d'Égypte, revus et publiés par M. Raoul-Rochette. *Paris*, 1826, 2 vol. p. in-12, cartonnés en 1 vol.

1032. H. Brugsch. Uebersichliche Erklärung ægyptischer Denkmäler der Kœnigl. neuen Museum zu Berlin. *Berlin*, 1850, in-12.

1033. Louis-Antoine-Joseph Pernety. Les Fables égyptiennes et grecques dévoilées et réduites au même principe, avec une explication des hiéroglyphes et de la guerre de Troye. *Paris*, 1786, 2 vol. veau, in-8.

1034. D***. Aperçu sur le Jeu des tarots, son origine reconnue égyptienne, etc. *Brunswick*, 1800, p. in-12.

1035. G. Parthey. Ægyptische Personnennamen bei den Klassikern, in Papyrusrollen, auf Inschriften gesammelt. *Berlin*, 1864, in-12.

1036. Graberg de Hemso. Nouvelles Recherches sur l'inscription en lettres sacrées du monument de Rosette. *Florence*, 1830, p. in-8.

1037. F. de Lanoye. Ramsès le Grand, ou l'Égypte il y a 3,300 ans, *Paris*, 1866, in-12.

1038. Ameilhon. Histoire du commerce et de la navigation des Égyptiens sous le règne des Ptolémées. *Paris*, 1766, in-8, v.

1039. Chr. Hertzog. Essai de mumiographie, ou plutôt description exacte... d'une des plus... curieuses momies, etc. *Gothe*, 1718, in-8, maroq. rouge.

1040. H. Brugsch. Die Ægyptische Græberwelt, etc. *Leipsig*, 1868, in-12.

N bc. *Judée.*

1041. Le chevalier Bail. État des Juifs en France, en Espagne et en Italie. *Paris*, 1823, 1 vol. broché in-8.

1042. Arthur Beugnot. Les Juifs d'Occident. *Paris*, 1824, 1 vol. in-8, demi-reliure.

1043. L. Munk. Mélanges de philosophie juive et arabe. *Paris*, 1859, in-8, br.

1044. Augusti Pfeifferi Antiquitates Ebraicæ selectæ. *Lipsiæ*, 1687, pet. in-8, vélin.

1045. P. Cunæi, de Re publica Hebræorum libri tres. Ed. noviss. *Lug.-Batav., ap. Elz.*, 1632, p. in-12, vélin.

N bd. *Grèce.*

1046 .Recueil d'Opuscules sur l'archéologie grecque, par Spalding, Beulé, Collot, Garrucci, Lebas, de Witte, Zanetti. 12 mémoires en 1 vol. gr. in-4, demi-rel. mar. rouge.

1047. Jo. Jonsonius. De Spartis; accedit ejusdem de ordine librorum Aristotelis fragmentum. 1655, in-4.

1048. Jo. Potter. Archæologia græca. *Lugduni-Batavorum*, 1602, in-fol. veau.

1049. Recueil d'opuscules sur l'archéologie grecque et latine, par Beger, Passow, Schœnemann, Beek. 10 mémoires en 1 vol. in-4, demi-rel.

1050. Recueil d'opuscules sur l'archéologie grecque, par Lauterbach, Seitz, Casaubon, Miller. 5 part. en 1 vol. in-4, demi-maroq.

1051. Recueil d'opuscules sur l'archéologie grecque et latine, par Beulé, Burnouf, Desjardins, Egger, Langlois, L. Renier. 30 mémoires en 1 vol. in-8, demi-maroq. marron.

1052. Recueil d'opuscules sur l'archéologie grecque et latine, par Robiou, Rossignol, Vinet, Ackermann, Garrucci, Ellende, La Boulaye, Breton, de Witte. 17 mémoires en 1 vol. in-8, demi-maroq.

1053. Recueil d'opuscules sur l'archéologie grecque et romaine, par Egger, Letronne, de Clarac, Friedlaender. 7 mémoires en 1 vol. in-8, demi-maroq. dos noir.

1054. Recueil d'opuscules sur l'archéologie grecque, par par C. Wescher, G. Boissier, Bellerman, Chabouillet et Miller. 9 mémoires en 1 vol. in-8, demi-maroq.

1055. Joannis Laurenbergii Græcia antiqua, edidit Samuel Puffendorf. *Amsterdam,* 1661, pet. in-8, vélin.

1056. Résumé des actes de la Société archéologique d'Athènes. 1837-1849, un vol. in-8, demi-maroq. bleu.

1057. W. Brunet de Presle. Recherches sur les établissements des Grecs en Sicile. *Paris, Impr. roy.,* 1845, in-8.

1058. Guilielmi Postelli de Republica seu magistratibus Atheniensium. *Lugd.-Batavorum,* 1635, in-16, vél.

1059. Relation de l'état présent de la ville d'Athènes, etc., avec un abrégé de son histoire et de ses antiquités, par le P. Babin (publié par le comte de Laborde). *Paris,* 1854, in-24, demi-maroq. rouge.

1060. Notice historique et explicative du panorama d'Athènes. 1822, pet. in-8, cartonnage rouge, avec gravures.

A la suite : Notice sur la Lanterne de Démosthène à Athènes.

1061. Opuscula quæ Augustus Guilelmus Schlegelius latine scripta reliquit, Ed. Boecking edidit. *Lipsiæ,* 1848, pet. in-8 broché.

N be. *Rome.*

1062. Recueil d'opuscules sur l'archéologie latine, par Naudet, de Gerlach, Sambeth, Baudin, etc. 6 mémoires en 1 vol. in-4, demi-maroq. vert.

1063. Rud. Lorentz. De Civitate veterum Tarentinorum. *Lipsiæ,* 1833, in-4, cartonné.

1064. Recueil d'opuscules sur l'archéologie romaine, par Desjardins, E. Le Blant, Deville, Miller, Naudet. 17 opuscules en 1 vol. in-8, demi-maroq. rouge.

1065. Epistola qua ad XXX virorum clarissimorum de dedicatione sub ascia commentationes integræ recensentur Mazochius adnotationes adjecit. *Neapoli,* 1739, in-8, demi-rel. basane bleu clair.

1066. Beulé. Tibère et l'héritage d'Auguste. *Paris*, 1868, in-8.

1067. Antonii Massæ de Origine et rebus Faliscorum liber. *Romæ*, 1588, pet. in-8.

1068. Frederik Hildebrand. Antiquitates romanæ. *Utrecht*, 1731, 1 vol. in-12, parchemin.

1069. H. Kipping. Antiquitates romanæ emendatius editæ, figuris et notulis illustratæ. *Lugduni-Batavorum*, 1713, in-8, vélin armorié.

1070. Helliez. Géographie de Virgile, ou notice des lieux dont il est parlé dans les œuvres de ce poëte, accompagnée d'une carte géographique. *Paris*, 1771, in-12, veau.

Nbf. *Gaule.*

1071. Peigné-Delacourt. Recherches sur le lieu de la bataille d'Attila en 451. *Paris*, 1860, gr. in-4, cart. bleu.

1072. — La Chasse à la haie. *Paris*, 1858, gr. in-4.

1073. Recueil d'opuscules sur l'archéologie nationale, par Dusevel, Germain, Grésy, Clément et de Wailly. 5 part. en in-4, demi-maroq. vert foncé.

1074. L.-E.-A. Maury. Les Forêts de la France dans l'antiquité et le moyen âge, etc. *Paris*, 1856, in-4.

1075. Stan. Prioux. Civitas Suessionum. Mémoire pour servir d'éclaircissement à la carte des Suessiones. *Paris*, 1861, in-4.

1076. E. J. Biœrner. Prodromus tractatuum de geographia Scandinaviæ veteri et historiis gothicis exhibens succinctum judicium de Scythiâ. *Stockholm* (1726), pet. in-4, demi-veau marbr.

1077. J. Smetius et filius. Antiquitates Neomagenses, s. notitia rarissimarum rerum antiquarum, etc. *Noviomag.-Batav.*, 1778, pet. in-4, vélin.

1078. Jacques Maissiat. Jules César en Gaule. *Paris*, 1865, gr. in-8.

1079. J. E. Biester. Waren die alten Bewöhner der preussisch Brandenburg. Länder an der Otsee *Deutsche oder Haven?* in-4.

1080. Recueil d'opuscules sur l'archéologie gauloise et celtitique, par Éloi Johanneau, Barbier du Bocage, Pinard, Maury, Levasseur, Lainé, La Rue, etc. 17 mémoires en un vol. in-8, demi-maroq.

1081. Recueil d'opuscules sur le Moyen Age et la Renaissance, par Lenormant, Nodier, Paulin Paris, Bourquelot et Bataillard. 7 dissertations en 1 vol. in-8, demi-maroq. vert.

1082. Recueil d'opuscules sur l'archéologie nationale, par Cartier, Bourquelot, Delisle et Depping. 9 mémoires en 1 vol. in-8, demi-rel.

1083. Recueil d'opuscules sur l'archéologie nationale, par Léon Fallue, Grésy, Guérard, de Rozière, etc. 10 mémoires en 1 vol. in-8, demi-maroq. noir.

1084. Recueil d'opuscules sur l'archéologie nationale, par H. Bordier, de Caumont, Cochet, Huillard-Bréholles, etc. 18 mémoires en 1 vol. in-8, demi-maroq. noir.

1085. Recueil d'opuscules sur l'archéologie nationale, par Peigné-Delacourt, Pinard, Reinaud, Rigollot, Vallet de Viriville. 12 pièces en 1 vol. in-8, demi-maroq. vert.

1086. Recueil d'opuscules sur l'archéologie nationale, par A. de Barthélemy, Castan, Lacurie, Peigné-Delacourt, Pernot, etc. 13 mémoires en 1 vol. in-8, demi-rel. mar. rouge.

1087. Recueil d'opuscules sur l'archéologie nationale, par Boyer, Delacroix, Fallue, Lacabane, de Longpérier. 17 opuscules en 1 vol. in-8, demi-maroq. rouge.

1088. Mémoires sur l'archéologie et la numismatique de l'ancienne France, par Ch. Robert, L. Renier, de Rozière, de Saulcy, etc. 20 opuscules en 1 vol. gr. in-8, demi-rel. mar. rouge.

1089. Archéologie nationale. Recueil de mémoires par de Vesme, Eus. Castaigne, Cochet, de Courson, Edelestand du Méril, Olleris, Paulin Paris, Pinard, etc. 1844-62. 13 mémoires en 1 vol. pet. in-8, demi-rel. mar. r.

1090. Recueil d'opuscules sur l'archéologie nationale (1850-1864), par Anat. de Barthélemy, de Courson, Alex. Bertrand, Fallue, Taillandier, Ch. Robert, etc. 15 opuscules en 1 vol. in-8, demi-maroq. violet.

1091. Recueil d'opuscules sur l'archéologie nationale, par Ch. de Gaulle, Ch. Leblant, Aug. Bernard, Chabouillet, Bessières, Fisquet. 11 mémoires en 1 vol. in-8.

1092. La Tour d'Auvergne Corret. Origines gauloises, celles des plus anciens peuples de l'Europe, puisées dans leur vraie source. 3e édit. *Hambourg*, 1801, in-8, demi-veau vert.

1093. M. B. Guérard. Essai sur le système des divisions territoriales de la Gaule depuis l'âge romain jusqu'à la fin de la dynastie carlovingienne. *Paris*, 1832, in-8, br.

1094. Belloguet (Roger de). Ethnogénie gauloise, ou mémoires critiques sur l'origine et la parenté des Cimmériens, des Cimbres, des Ombres, des Belges, des Ligures et des anciens Celtes. Introduction et preuves. *Paris*, 1858-61, 2 vol. in-8.

1095. L. Beaulieu. Archéologie de la Lorraine, ou recueil de notices et documents pour servir à l'histoire des antiquités de cette province. *Paris*, *Le Normant*, 1840, 2 vol. in-8.

1095 *bis*. J.-G. Bulliot. Essai sur le système défensif des Romains dans le pays Eduen. *Paris*, *Autun*, 1856, in-8.

1096. Cénac-Moncaut. Histoire des peuples et des États pyrénéens. 5 vol. in-8.

1097. Félix Robiou. Histoire des Gaulois d'Orient. *Paris*, 1866, in-8.

1098. P. Philip. Labbe. Pharus Galliæ antiquæ, etc. *Molinis*, 1644, in-12, veau.

1099. P. Rami liber de moribus veterum Gallorum.—Liber de militia Julii Cæsaris. *Basileæ* (1674), pet. in-8, v.

1100. L. Renier. Itinéraires romains de la Gaule. *Paris*, 1850, in-12.

1101. Ant. Gosselin. Historia Gallorum veterum. *Cadomi*, 1636, pet. in-8, vél.

1102. Claude Fauchet. Origines des dignités et magistrats de France; 2e éd. *Paris*, 1606, pet. in-4, vél.

1103. Ferdinand Heuzey. Curiosités de la cité de Paris. Histoire étymologique de ses rues nouvelles, anciennes et supprimées. Recherches archéologiques sur ses antiquités, monuments et maisons remarquables. *Paris*, 1864, in-8.

1104. Claudi Seysellii de Monarchia Franciæ, sive de Republica Galliæ et regum officiis libri duo, Johanne Sleidano interprete. *Lugduni-Batav.*, 1626, pet. in-12, vél.

1105. D. Jacobi Balduini Berlicomii. Gallia, sive de Francorum regis domibus et opibus commentarius. *Lugd.-Batav.*, ed. *Elzévir*, 1629, in-12, vél.

1106. Léon Fallue. Études archéologiques sur l'histoire de Jules César, par l'empereur Napoléon III, et sur la carte officielle des Gaules. *Paris*, 1867, in-12.

1107. — Un Peu de tout, et mes souvenirs pouvant servir à l'histoire. *Paris*, 1867, in-12.

N c. MYTHOLOGIE, LITURGIE PAÏENNE.

Généralités.

1108. Recueil d'opuscules sur la Religion et la Philosophie ancienne, par Ritschl, Probst, Zinzow, Walz, Quicherat, Renan et de Witte. 10 mémoires en 1 vol. gr. in-4, demi-m. bl.

1109. L.-Gr. Gyraldus. De Diis gentium varia et multiplex historia. *Basileæ* (1548). In-fol., peau de truie.

1110. De Origine festorum judæorum, auth. R. Hospiniano. *Tiguri*, 1593, 1 vol. in-fol. v. jaune.

1111. Guilielmi Stuckii sacrorum sacrificiorum gentilium brevis et accurata descriptio universæ superstitionis ethnicæ. *Tiguri*, 1598, 1 vol. in-fol., v.

1112. Recueil d'opuscules sur les anciennes religions, par l'abbé de La Chau, Lajard, de Hamnier, Hermann, Wieseler, etc., 14 mémoires en 1 vol. in-4. demi-maroq.

1113. Recueil d'opuscules sur la Mythologie, par Harlès, Hermann, Fl.scher, etc. 10 mémoires en 1 vol. in-4, demi-mar. viol.

1114. Recueil d'opuscules sur les religions antiques, Orphée, etc., par Bode, Haveisen, Hermann, Rost. 9 mémoires en 1 vol. in-4, demi-mar. marron.

1115. Recueil d'opuscules sur les religions anciennes, par Olearius, Lenzius, Guntherus, Rahn, Friese. 12 mémoires en 1 vol. pet. in-4, demi-rel. mar.

1116. Recueil d'opuscules sur la théologie et la philosophie des anciens, par B[illegible]gk, Hasselbach, B. Jullien, Wendt. 6 mémoires en 1 v[illegible]. in-4, demi-mar. vert.

1117. Recueil d'opuscules sur la religion et la philosophie anciennes, par Reinesi, Leisner, Bidermann, Krause, Habenstret. 11 mémoires en 1 vol. pet. in-4, demi-mar. bl.

1118. Recueil d'opuscules sur les religions anciennes, par Hallenberg, Willisch, Fabricius, Nitzschius, etc. 11 mémoires en 1 vol. in-4, demi-rel. mar. la Vall.

1119. Dupuis. Abrégé de l'Origine de tous les cultes; nouvelle édition, ornée du portrait de l'auteur, augmentée d'une Notice sur la vie et les ouvrages de Dupuis, d'une description du planisphère circulaire du zodiaque de Denderah et de la gravure de ce monument. *Paris*, 1836, 1 vol. in-8, br.

1120. — Planches de l'Origine de tous les cultes, avec leur explication. *Paris, an III* (1795). 1 vol. in-4, cart.

1121. Mémoire explicatif du zodiaque chronologique et mythologique. *Paris*, 1806, 1 vol. in-4, br.

1122. Recueil d'opuscules sur les Religions anciennes, par Meyen, Kiesel, Maury, Osann, Boetticher, Klausen, etc. 7 opuscules en 1 vol. in-8, demi-mar. viol.

1123. Recueil d'opuscules : Dissertations sur la mythologie, par Motty, Deal, Lenormant, etc. 6 part. en 1 vol. in-8, demi-mar. viol.

1124. Recueil d'opuscules sur la religion et la philosophie anciennes, par Brugsch, Bergmann, Piper, Krieger, Renan, etc. 10 mémoires en 1 vol. in-8, demi-mar. myrthe.

1125. Recueil d'opuscules sur les Religions anciennes, par Bertrand, Millingen, Vinet, de Witte, etc. 9 part. en 1 vol. in-8, demi-rel. mar. grenat.

1126. Recueil d'opuscules sur les religions anciennes, par Muller, Pictet, Wachsmuth. 4 mémoires en 1 vol. pet. in-8, demi-rel. mar.

1127. Philippi Cæsii a Zesen. Cœlum astronomicum poeticum, sive mythologicum. *Amstelædami*, 1662, in-8, vél.

1128. A. Dulaure. Histoire abrégée des différents cultes; 2e édit. *Paris*, 1825, 2 vol. in-8, br.

1129. Le baron de Sainte-Croix. Mémoires pour servir à l'histoire de la religion secrète des anciens peuples. *Paris*, 1784, 1 vol. in-8, v.

1130. — Recherches historiques et critiques sur les mystères du Paganisme; 2e édition, revue et corrigée par M. le baron Silvestre de Sacy. *Paris*, 1817, 2 vol. in-8 br.

1131. T.-P. Boulage. Ouvrage posthume des Mystères d'Isis. *Paris*, 1820, 1 vol. in-8, cart. à la Bradel.

1132. Ouvaroff. Essai sur les Mystères d'Éleusis; 3e édit. *Paris, Impr. roy.*, 1816, in-8.

1133. (Guillemin de Saint-Victor.) Histoire critique des mystères de l'antiquité. *Paris, an VII* (1798), pet. in-12, dem.-v.

1134. Matthæi Brouerii de Nijedek de Populorum veterum ac recentiorum adorationibus dissertatio. *Amsterdam*, 1713, pet. in-8, v.

1135. L.-F.-Alfred Maury. Croyances et légendes de l'antiquité, etc.; 2e édit. *Paris*, 1863, in-12.

1136. — La Magie et l'Astrologie dans l'antiquité et au moyen âge, etc. *Paris*, 1860, in-18.

1137. L'abbé Pluche. Histoire du ciel, où l'on recherche l'origine de l'idolâtrie et les méprises de la philosophie; 2e édit. *Paris*, 1740, 2 vol. in-12, v. br.

N ca. *Orient.*

1138. G. Pauthier. Les Livres sacrés de l'Orient, etc., traduits, revus et publiés (Chou-King, Sse-Chou, Lois de Manou, Koran). *Paris*, 1840, gr. in-8.

1139. L'abbé Brasseur de Bourbourg. Popol Vuh, le Livre sacré et les mythes de l'antiquité américaine, etc. *Paris*, 1861, 1 vol. in-8.

1140. Joh. Seldeni de Diis Syris syntagmata, additamentis et indicibus copiosissimis locupletata opera M. Andreæ Beyeri. *Amsterdam*, 1680, in-8, v.

1141. Le baron de Bock. Essai sur l'histoire du sabéisme. *Metz*, 1788. — Mémoire historique sur le peuple nomade appelé en France bohémien. *Metz*, 1788. — Œuvres diverses, contenant les Apparitions, le Voyageur, le Tribunal secret. *Metz*, 1788, 2 vol. in-12, demi-bas.

N cb. *Grèce et Rome.*

1142. Jo. Boccatius. Genealogiæ Joannis Boccatii, cum demonstrationibus in formis arborum designatis, etc. (*Impressum Venetiis*, 1497), pet. in-fol. v.

1143. (Par le Rév. P. Dom. Martin.) Explication de divers monuments singuliers qui ont rapport à la religion des plus anciens peuples. *Paris*, 1739, in-4, v. fig.

1144. Ed.-Herbert de Cherbury. De Religione Gentilium errorumq. apud eos causis. *Amstelod.*, 1663, in-4, rel. v. br. armoiries.

1145. Claud. Menetreius. Symbolica Dianæ Ephesiæ statua. *Romæ*, 1657, in-4, v.

1146. Del Culto superstizioso di Cibele. *In Roma*, 1753, in-4, cart.

1147. Rudr. Christiani Eschenbach Epigenes de Poesi orphica in priscas Orphicorum Carminum memorias liber commentarius. *Noribergæ*, 1702, in-4, v. rouge.

1148. Historia deorum fatidicorum. *Coloniæ Allobrogum*, 1675, 1 vol. in-4, vél. avec figures.

1149. Gallæi Dissertationes de Sibyllis earumque oraculis cum figuris æneis. *Amsterdam*, 1688, in-4, v. br.

1150. Petri Texelii Phœnix. *Amst.*, 1706, 1 vol. in-4, v. br.

1151. Ludolphi Smids, medicinæ doctoris, Opera posthuma dicta Messis aurea. Lexicon et theographia priscorum deorum descriptio. *Amst.*, 1753, in-8, demi-rel. en veau.

1152. Le Clerc de Sept-Chênes. Essai sur la religion des anciens Grecs. *Genève*, 1787, 1 vol in-8, veau.

1153. Chr. Augustus Lobeck. Aglaophamus, sive de Theologiæ mysticæ Græcorum causis libri tres. (Idemque poetarum orphicorum dispersas reliquias collegit.) *Regimontii Prussorum*, 1729, 2 vol. in-8, demi-rel. veau.

1154. L.-F.-Alfred Maury. Histoire des religions de la Grèce antique, depuis leur origine jusqu'à leur complète constitution. *Paris*, 1857-58, 2 vol. in-8.

1155. P.-N. Rolle. Recherches sur le culte de Bacchus. *Paris*, 1824, 3 vol. in-8, brochés.

1156. Joh. Christoph. Struchtmeyeri Theologia mythica. *Hagæ-Comitum*, 1753, in-8, demi-veau noir.

1157. Louis Lacroix. Recherches sur la religion des Romains d'après les Fastes d'Ovide. *Paris*, 1846, in-8, broché.

1158. Th. G. M. Pfund. De antiquissima apud Italos fabæ cultura ac religione. *Berolini*, 1845, in-16, cart.

1159. Natalis Comitis Mythologiæ, sive Explicationum fabularum libri decem. 1581, p. in-8.

1160. P. Francisc. Pomey. Pantheum mythicum, seu fabulosa deorum historia. *Ultrajecti*, 1701, in-12, veau brun.

1161. J. G. Lakemacheri Antiquitates Græcorum sacræ. *Helmstadii*, 1734, p. in-8, rel. en vélin.

1162. Joannis Sauberti de Sacrificiis veterum conlectanea, historia philologica et miscella critica, etc. Thomas Crenius recensuit. *Lugduni Batavorum*, 1699, 1 vol. in-8, veau brun.

1163. A. Wellauer. de Thesmophoriis. *Vratislaviæ*, 1820, in-8 (plaquette.)

1164. T. Gutberlethi de Saliis Martis sacerdotibus apud Romanos. *Franeckeræ*, 1704, in-8. — Dissertatio de mysteriis deorum Cabirorum, 1703. — In antiq. inscript. græcam Smyrnæ repertam, 1704, etc. 4 part. en 1 vol. pet. in-8, v.

1165. Georgii Casp. Kirch Majori de Basilisco Unicornu phœnice, behemoth, leviathan, dracone, araneo, tarantula et ave paradisi dissertationes aliquot; editio altera. *Wittebergæ*, 1669, in-8, veau.

1166. Bœttiger. Les Furies, d'après les poëtes et les artistes anciens, trad. par Winckler. *Paris, an* X (1802), in-8.

1167. Idée générale de la théologie païenne, servant de réfutation au système de M. Bekker (sur les démons). *Amsterdam*, 1699, pet. in-12, veau.

1168. Deorum dearumque Capita a Fr. Swertio. *Argentorati*, 1680, in-12, parch.

1169. Thom. Erastus. Repetitio disputationis de Lamiis seu Strigibus. *Basileæ*, 1577, p. in-8, cartonnage.

N cc. *Gaule, etc.*

1170. J. G. Frickius recens. Alb. Frick. Commentatio de Druidis. Accedunt opuscula quædam de Druidis. *Ulmæ*, 1744, p. in-4, dos percale noire.

1171. L. A. Rothe. Om Druiderne deres Væsen og Lære. *Copenhague*, 1828, in-4, cartonné, dos percale.

1172. Eliæ Schedii de Diis germanis. *Amsterdam*, 1648, p. in-8, veau brun.

1173. De Chiniac de La Bastide du Claux. Discours sur la nature et les dogmes de la religion gauloise. *Paris*, 1769, 1 vol. in-12, veau.

1174. Bullet. Dissertations sur la mythologie française et sur plusieurs points curieux de l'histoire de France. *Paris*, 1771, in-12, en veau.

N d. PHILOSOPHIE CHEZ LES ANCIENS.

N da. *Généralités.*

1175. Recueil d'opuscules sur la philosophie ancienne, par Kern, Stalbaum, Wernsdorf, Baumgarten, Jourdain, etc. 10 pièces en 1 vol. in-4, demi-rel. mar.

1176. Recueil d'opuscules sur la philosophie ancienne, par Peyron, Beckmann, Fischer, Swellengreben, etc. 8 parties en 1 vol. in-8, demi-maroq.

1177. Recueil d'opuscules sur la philosophie, par Comte, Huet, Germain, Ravaisson, Frank, Jourdain, Bach. 10 pièces en 1 vol. in-8, demi-maroq. marron.

1178. Recueil d'opuscules sur la philosophie ancienne, par Matter, Guigniaut, Hamel, Filon, Wallon. 11 part. en 1 vol. in-8, demi-v. fauve.

1179. Recueil d'opuscules sur la philosophie ancienne, par

Fichte, Dahne, Hermann, Karsten, Christ, etc. 9 part. en 1 vol. in-8, demi-maroq. viol.

1180. Le R. P. Jean-Marie. Le Divertissement des sages. (Histoire des proverbes.) *Paris*, 1665, in-8, v. br.

1181. H. Grotius. Philosophorum Sententiæ de Fato, et de eo quod in nostra est potestate, collectæ partim, et de græco versæ. *Amsterodami*, *ap. Lud. Elzevirium*, 1648, pet. in-12, v. bl. à fil. doré sur tr.

1182. H. S. Reimarus, edid. J. Albertus Fabricius. Matthæi Camariotæ Orationes II, in Plethonem de fato. *Lugduni Batavorum*, 1721, in-12.

1183. (De Burigny.) Histoire de la Philosophie païenne, ou Sentimens des philosophes et des peuples païens, etc. *La Haye*, 1724, 2 vol. in-12, v.

1184. Rutonii Walteri Gnomologia-historico proverbialis, sive harmonicus Gnomarum, adagiorum, etc. In-8 à filets d'or.

1185. G. d. B. (Georges de Baker). Dictionnaire des Proverbes français, etc. *Bruxelles*, 1710, in-8, v.

1186. D. Ramée. Théologie cosmogonique, ou reconstitution de l'ancienne et primitive loi. *Paris*, 1853, in-12.

1187. J. Drusius. Apophthegmata Ebræorum ac Arabum. Drusii Proverbiorum classes duæ. *Franckeræ*, 1591, in-4, parch.

1188. H. T. Colebrooke, esq. Essais sur la philosophie des Hindous; traduits de l'anglais et augmentés de textes sanskrits et de notes nombreuses par G. Pauthier. *Paris*, 1833, in-8 br.

1189. J. H. Ursinus. De Zoroastre Bactriano, Hermete Trismegisto, Sanchoniatone Phœnicio eorumq. scriptis et aliis contra mosaïcæ scripturæ antiquitatem, exercitationes familiares, quibus Chr. Arnoldi Spicilegium accessit. *Norimbergæ*, 1661, pet. in-8.

N db. *Philosophie grecque et romaine.*

1190. Recueil d'opuscules sur la philosophie grecque, par Franck, Schrester, Strauss, Klose, Clodius, Munta, etc. 15 part. en 1 vol. in-4, demi-maroq. rouge.

1191. Recueil d'opuscules sur Alexander Aphrodisiensis, Platon, Aristote, par Spengel, Brandis, Trendelenburg, Richter, Wex. 6 part. en 1 vol. in-8, demi-maroq. noir.

1192. Recueil d'opuscules sur la Philosophie ancienne, par Stieren, Hacke, Cousin, Kuhn. 5 part. en 1 vol. in-8, demi-maroq.

1193. Ritter et Preller. Historia philosophiæ græco-romanæ, ex fontium locis contexta. *Hamburgi*, 1838, in-8.

1194. Joh. Baptistæ a Vico, De antiquissima Italorum sapientia. *Naples*, 1710, pet. in-8, cart.

1195. Jo. Chrysostomi Magneni Democritus reviviscens, sive vita et philosophia Democriti. *Lugd.-Batav.*, 1648, in-12, v.

1196. (Paganinus Gaudentius.) De pythagorea animarum transmigratione, Aristoteleo veterum contemptu. (*Florentiæ,* 1642), in-4.

1197. A. Bern. Krische. Societates a Pythagora in urbe Crotoniatarum conditæ. *Gottingæ,* 1830, in-4, demi-v.

1198. Dacier. La Vie de Pythagore, ses Symboles; la Vie d'Hiéroclès et les commentaires sur les Vers dorés de Pythagore. *Paris,* 1706, 2 vol. in-8, v. br.

1199. Recueil d'opuscules sur la Philosophie pythagoricienne, par Baiter, Hartenstein, Bloch, Terpstra. 4 opusc. en 1 vol. in-8, demi-maroq. vert.

1200. Joannis Schefferi de natura et constitutione philosophiæ italicæ seu pythagoricæ liber singularis. *Upsaliæ,* 1464 (lire 1664), pet. in-8, vélin.

1201. J. du Rondel (J. Rondellus). De Vita et moribus Epicuri. *Amstelodami*, 1693, pet. in-12, rel. en vélin.

N dd. *Platon et Aristote.*

1202. Recueil d'opuscules sur la philosophie platonicienne, par Rettig, Fæhse, Dæhne, Kortenius, Patze, Marx, Matter, Kuehn. 11 mémoires en 1 vol. in-4, dos perc. marron.

1203. Recueil d'opuscules sur la philosophie platonicienne, par Schneider, Stalbaum, Keil, Rettig. 6 part. en 1 vol. in-4, demi-mar. viol.

1204. Recueil d'opuscules sur la philosophie platonicienne, par Boeckh, Huttner, Schulze. 8 part. en 1 vol. pet. in 4, demi-v. vert.

1205. Recueil d'opuscules sur la philosophie platonicienne, par Wienbarg, Boeckh, Winckelman, Jahn, Kuehn, Danzel. 8 part. en 1 vol. in-8, demi-mar. noir.

1206. Recueil d'opuscules sur la philosophie platonicienne, Dissertations diverses, par Allihn, Dæhne, Schmidt, Deycks. 8 part. en 1 vol. in-8, demi-maroq. noir.

1207. Recueil d'opuscules. Notices sur Platon, par Schurmann, de Geer, Fortia d'Urban. 5 part. en 1 vol. in-8, demi-maroq.

1208. Recueil d'opuscules sur la philosophie d'Aristote, par Abeken, Julien, Ravaisson, etc. 7 part. en 1 vol. in-8, demi-v. vert.

1209. Recueil d'opuscules sur la philosophie de Platon, par Van Reesema, Blass, Biedermann, Ebben, Zimmermann, Taine. 7 part. en 1 vol. in-8, demi-maroq. noir.

1210. Phil-Guil. van Heusde. Initia philosophiæ platonicæ; editio altera, emendata. *Lugduni-Batav.*, 1842, in-8, cart.

1211. Jules Simon. Études sur la Théodicée de Platon et d'Aristote. *Paris*, 1840, in-8 br.

1212. C. Brandan. Mollweide. Commentationes mathematico-philologicæ tres, etc. *Lipsiæ*, 1813, in-8, cart. bleu.

1213. A. Rapp. De Platonis legibus, quas in Reipublicæ libris de educatione tulit. *Erlangæ*, 1821, in-8, cart.

1214. F.-A. Trendelenburg. Elementa logices Aristoteleæ. *Berolini*, 1845, in-8, cart.

1215. Dr J.-P. Nickes. De Aristotelis Politicorum libris. *Bonnæ*, 1851, in-8 br.

1216. Ch. Thurot. Études sur Aristote, Politique, Dialectique, Rhétorique. *Paris*, 1860, in-8.

1217. Ladevi-Roche. Variétés philosophiques; — le Rôle des grands hommes, d'après M. Cousin et d'après l'histoire; — le Positivisme au tribunal de la science; — le Vrai et le faux Platon, ou le Timée démontré apocryphe. *Paris et Bordeaux*, 1867, in-8.

1218. Joannis Lannoii de varia Aristotelis in Acad. parisiensi fortuna et Joannis Jonsii Holsati de hist. peripatetica dissert. *Vitembergæ*, 1720.

1219. F.-N. Titze. De Aristotelis operum serie et distinctione liber singularis. *Lipziæ et Pragæ*, 1826, pet. in-8.

1220. Jac. Carpentarius (Charpentier). Platonis cum Aristotele in universa philosophia comparatio. *Parisiis*, 1573, in-4, peau de truie.

1221. R*** (le Père Rapin). La Comparaison de Platon et d'Aristote avec les sentimens des Pères sur leur doctrine, et quelques réflexions chrétiennes. *Paris*, 1671, in-12, parch.

N de. *Ecole d'Alexandrie.*

1222. Recueil d'opuscules sur la philosophie néoplatonicienne, par Heigel, Hildebrand, Berger, Filon. 6 part. en 1 vol. gr. in-8, demi-mar. viol.

1223. Recueil d'opuscules sur la philosophie mystique, par Lenz, Martin, Daunas, de Brière. 7 part. en 1 vol. in-8, demi-mar. vert.

1224. Platonis Meno, edidit Stalbaum. *Gothæ,* 1836, in-8. — Porphyrii de philosophia. *Berolini,* 1856, in-8. — Hermès Trismégiste. 1854, in-8, etc., 4 part. en 1 vol. in-8, demi-rel. mar. br.

1225. J. Matter. Histoire critique du Gnosticisme et de son influence sur les sectes religieuses et philosophiques des six premiers siècles de notre ère. *Paris,* 1828, 2 vol. planches (1 vol.) in-8.

1226. — Histoire de l'Ecole d'Alexandrie, comparée aux principales écoles contemporaines; 2e éd. entièrement refondue. *Paris,*1840-1844, 2 vol. in-8 br.

1227. J. Barthélemy Saint-Hilaire. De l'École d'Alexandrie, rapport à l'Académie des sciences morales et politiques, précédé d'un Essai sur la méthode des Alexandrins et le mysticisme, et suivi d'une traduction de morceaux choisis de Plotin. *Paris,* 1845, in-8 br.

1228. Louis Ménard. Hermès Trismégiste, traduction complète, précédée d'une Etude sur l'origine des livres hermétiques. *Paris,* 1866, in-8.

1229. Apollonius de Tyane, sa vie, ses voyages, ses prodiges, par Philostrate, et ses lettres; ouvrage traduit du grec, avec introduction, notes et éclaircissements, par Chassang, 2e édition. *Paris, Didier,* 1862, in-12.

1230. C. I. Ansaldi de Theurgia deque theurgicis ethnicorum mysteriis a D. Paulo memoratis Commentarius. *Mediolani,* 1761, in-8.

1231. Aug. Hahn. Bardesanes, gnosticus Syrorum primus, hymnologorum Commentatio. *Lipsiæ,* 1819, in-8.

1232. B. Hauréau. De la Philosophie scolastique. *Paris, Pagnerre,* 1850, 2 vol. in-8.

1233. A. Pierson. De Realismo et Nominalismo quatenus vim habuerint in præcipuis placitis theologiæ scholasticæ. *Trajecti ad Rhenum,* 1854, gr. in-8.

N e. SCIENCES ANCIENNES.

N e. *Généralités.*

1234. Recueil d'opuscules sur les sciences dans l'antiquité, par Boncompagni, Woepcke, Genocchi, Massimo, Narducci, Rezzi, Volpicelli, etc. 17 mémoires en 1 vol. gr. in-4, demi-maroq. vert foncé.

1235. Recueil d'opuscules sur les sciences anciennes, sur la Théorie des courbes, etc., par Witte, Haussmann, Perger, Huygens, Kaestner, Jetze, Cope, Hessius, etc. 24 mémoires en 1 vol. gr. in-4, demi-mar. marron.

1236. Recueil d'opuscules et de dissertations sur les sciences anciennes, par Schaubach, Canzler, Drobisch, Eichhorn, Aventin, Weber, Wœpcke, Wilde, Marini, Ideler, Thilo, Tafel, Gale, Jacobs. 26 mémoires en 1 vol. gr. in-4, demi-rel. mar. bl.

1237. Recueil d'opuscules et de dissertations sur les Sciences anciennes, par de Valois, de Boze, Simon, Baudelot, Boivin, Banier, Nadal, abbé Lebeuf. 37 mémoires en 1 vol. in-4, demi-mar. bl. foncé.

1238. Recueil d'opuscules sur les sciences anciennes, par Breiter, Castellani, Gerhardt, Haase, Kiesel, H. Martin, Martels, Muller, Pranil, Sédillot. 28 mémoires en 1 vol. in-4, demi-rel. mar.

1239. Th. C. F. Tafel. De Marmore viridi veterum. *Tubingæ*, 1836, in-4.

1240. G. Waltherus. Veterum Scriptorum loci aliquot physici propositi tabulisque illustrati. *Wismariæ*, 1844, in-4.

1241. Car. Sal. Zachariæ Arma veterum cum nostris breviter comparata. *Lipsiæ*, 1792, in-4.

1242. Recueil d'opuscules sur les sciences anciennes, par Meister, Kohn, Buchner, Schmidt, Hermann, etc. 8 part. en 1 vol. gr. in-4, demi-mar. vert.

1243. Recueil d'opuscules sur les Sciences anciennes (Nombres, Géométrie, Calendrier), par Beau, Bohnigk, Rostius, Ludwig, Goll, Eytel, Osiander, Fresen, Zeltner. 17 mémoires en 1 vol. in-4, demi-mar. marron.

1244. Recueil d'opuscules sur les sciences anciennes, les arts militaires, etc., par Hilischer, Vogt, Biedermann, Waldin, Nicolaï, Oldermann, Muller. 10 mémoires en 1 vol. in-4, demi-rel. mar. brun.

1245. Recueil d'opuscules sur les sciences dans l'antiquité, par Biot, 1831-45. 13 mémoires en 1 vol. in-4, demi-rel. maroq.

1246. Recueil d'opuscules sur les sciences dans l'antiquité, par Biot et Hase. 14 mémoires en 1 vol. gr. in-4, demi-mar. marron.

1247. Recueil d'opuscules sur les sciences dans l'antiquité, par Biot (extraits du Journal des savants, etc., d'autres journaux, de 1849 à 1857). 11 mémoires en 1 vol. in-4, demi-rel. vert foncé.

1248. Recueil d'opuscules par J.-B. Biot; Extraits du Journal des savants, sur l'Astronomie ancienne, etc. 7 mémoires en 1 vol. in-4, demi-rel. mar. grenat.

1249. Recueil d'opuscules sur les sciences anciennes, par Ideler, Scholz, Glocker, Codrike, etc. 9 mémoires en 1 vol. in-8, demi-rel. dos carmin.

1250. Ueber die Fragmente des Archytas und der alteren Pythagoreer lehr., von Gruppe. *Berlin*, 1840. — Philolaos. Des Pythagoreers Lehren. *Berlin*, 1819, 2 part. en 1 vol. in-8, demi-rel.

1251. Recueil de mémoires sur les sciences anciennes, les nombres, l'art militaire, par Grote, Friedlein, Régnier, Benloew, Otto Jahn, Villot, Leblant, Vrétos. 12 mémoires en 1 vol. in-8, demi-rel. mar.

1252. Recueil d'opuscules sur les sciences anciennes, par Ludecke, Olleris, Sédillot, Bouchotte, Clément, Biot, Quatremère. 12 mémoires en 1 vol. in-8.

1253. C. Meiners. Histoire de l'origine, des progrès et de la décadence des sciences dans la Grèce, traduct. de J.-C. Laveaux. *Paris*, 1798, 5 vol. in-8, rel. v. marbr.

1254. L. Dutens. Recherches sur l'origine des découvertes attribuées aux modernes. *Paris*, 1766, in-8, veau.

1255. Euclidis quindecim libri Elementorum geometriæ ex Theonis commentariis... editi (a Dasypodio). *Argentorati*. 1564, 3 part. en 1 vol. pet. in-8, vélin vert.

1256. C. Dasypodius. Mathematicum, etc., geometriæ, logisticæ, astronomiæ, geographiæ, volumina II. *Argentorati*, 1567-70, 2 vol. pet. in-8, vélin.

1257. Euclidis Elementorum lib. I; item, Heronis Alexandrini vocabula quædam geometrica..., edidit Dasypodius. *Argentinæ*, 1571, 3 part. en 1 vol. in-8, demi-rel. v.

1258. Rerum memorabilium jam olim deperditarum et contra recens inventarum, libri duo, a Guidone Pancirollo primum conscripti. *Ambergæ*, 1599, p. in-8, v.

1259. Cunrad. Dasypodius. ΛΕΞΙΚΟΝ, seu dictionarium mathematicum, etc., divisiones, etc., scientiarum mathematicarum. *Argentorati*, 1573, p. in-8, demi-veau gris.

1260. Ed. Fournier. Le Vieux-Neuf, histoire ancienne des inventions et découvertes modernes. *Paris, Dentu*, 1859, 2 vol. in-12.

N ea. *Physique et histoire naturelle; Médecine.*

1261. Recueil d'opuscules sur les sciences dans l'antiquité (physique), par Meister, Bose, Euler, Rivinus, Bernhardi. 9 mémoires en 1 vol. p. in-4, demi-rel. dos violet.

1262. Jo.-G. Steigertahl. De Matheseos et philosophiæ naturalis utilitate in arte medica. *Helmstadii*, 1702, p. in-4.

1263. Notter. Archimedes in corona Hieronis. *Argentor.*, 1741, in-4.

1264. J.-Ph. Grauel. De Igne. *Argent.*, 1731, in-4.

1265. Hebenstreit et Kaestner. Speculorum Ustoriorum brevis idea. *Lips.*, 1727, p. in-4, cartonn.

1266. Recueil d'opuscules sur la physique ancienne, par Baumhauer, Hœfer, Holb, Zevort, Sillig, Romgonis, Gruppe, Boeckh, Martin. 11 mémoires en 1 vol. in-8, demi-maroq. violet.

1267. M. Pinder. De Adamante commentatio antiquaria. *Berolini*, 1829, in-8, cart.

1268. Ferd. Hoefer. Histoire de la chimie, depuis les temps les plus reculés jusqu'à notre époque, contenant une analyse détaillée des manuscrits alchimiques de la Bibliothèque royale de Paris, un exposé des doctrines, etc. *Paris*, 1842, 2 vol. in-8, br.

1269. J.-G.-H. Swellengrebel. Dissertatio historico-philosophica, exhibens veterum de elementis placita. *Trajecti ad Rhenum*, 1854, in-8. cartonn. vert.

1270. J.-J. Reiske et J.-E. Faber. Opuscula medica ex monimentis Arabum et Ebræorum, rec. Gruner. *Halæ*, 1776, in-8.

1271. Résumé des principaux traités chinois sur la culture des mûriers et l'éducation des vers à soie, trad. par Stanislas Julien. *Paris*, 1837, 1 vol. broché in-8.

1272. A.-L. Millin. Minéralogie homérique, ou Essai sur les minéraux dont il est fait mention dans les poëmes d'Homère; 2e éd. *Paris*, 1816, in-8, cartonn. gris foncé.

1273. Jo. Bouros. Dissertatio inauguralis de Pharmacologia Græcorum veterum. *Halis Saxonum*, 1829, in-8, cartonn. pourpre.

1274. Joan.-Isaac Levita, Germanno auctore. Physica hebræa Rabbi a ben Tybbon, etc. *Coloniæ*, 1555, 1 vol. petit. in-8, demi-rel.

N eb. *Mathématiques.*

1275. Fr. Vieta. Opera mathematica in unum volumen congesta ac recognita op. et stud. Fr. Schooten. *Lugd.-Batav.*, *B. et Abr. Elzevir*, 1646, in-fol. vél. (*Rare.*)

1276. Ed.-B. Boncompagni. Scritti inediti del P. D. Pietro Cossali... seguiti da un' appendice contenente quatre lettere dirette ai medesimo P. Gossali. *Roma*, 1857, gr. in-4, demi-maroq. la Vallière.

1277. Leonard. Pisano publicato da Baldass. Boncompagni. Il liber Abbaci, etc. *Roma*, 1857, gr. in-4, cartonn.

1278. M. Meibomii de Proportionibus dialogus. *Hafniæ*, 1655, in-fol.

1279. Recueil d'opuscules sur les sciences mathématiques des Grecs et des Arabes, par Gelder, Hermann, Delambre, Boeckh, Sédillot. 10 mémoires en 1 vol. gr. in-4, demi-maroq. vert.

1280. Recueil d'opuscules sur les sciences chez les anciens et chez les Orientaux, par M. F. Woepcke. 14 mémoires en 1 vol. gr. in-4, demi-maroq. violet.

1281. Recueil d'opuscules, par Woepcke et Marre, sur les mathématiques chez les Arabes. 5 mémoires en 1 vol. in-4, demi-maroq. rouge.

1282. Bernardino Baldi da Urbino abate di Guastalla. Cronica de' matematici, overo epitome dell' istoria delle vite loro. *Urbino*, 1707, in-4, parch.

1283. Jo.-Christophor. Heilbronner. Historia matheseos universæ, a mundo condito ad seculum P. C. N. XVI, præcipuorum mathematicorum vitas, dogmata, scripta et manuscripta complexa; accedit recensio elementorum, compendiorum et operum mathematicorum, atque historia arithmetices ad nostra tempora. *Lipsiæ*, 1742. 5 parties en 1 vol. in-4, veau. (*Armes.*)

1284. J.-N. Frobesii historica et dogmatica ad Mathesin Introductio. *Helmstadii*, 1750, pet. in-4.

1285. J.-H.-T. Müller. Beiträge zur Terminologia der griechischen Mathematiker. *Wiesbaden*, 1860, in-4.

1286. J.-G. Steigertahl. De Matheseos utilitate in arte medica. *Helmstad.*, 1702, p. in-4.

1287. Recueil d'opuscules sur les mathématiques anciennes, par Nobbe, Finger, Mannert, Halliwell et Haase. 5 mémoires en 1 vol. in-8, demi-maroq. bleu.

1288. Recueil d'opuscules sur les mathématiques chez les anciens, par Arneth, Muller, Krieg, Hoffmann, Boncompagni, Cenocchi. 7 mémoires en 1 vol. in-8, demi-maroq. vert.

1289. Recueil d'opuscules sur les sciences mathématiques chez les anciens, par Boncompagni, Barciuli, Woepcke, Mannucci, Sciacci. 19 mémoires en 1 vol. in-8, demi-rel. mar. vert.

1290. F. Woepcke. Mémoires sur la propagation des chiffres indiens. *Paris*, 1863, in-8. Recherches sur l'histoire des sciences mathématiques chez les Orientaux (Extr. du Journal asiat.). 2 parties en 1 vol. in-8, demi-rel.

1291. Ch. Bossut. Histoire générale des mathématiques depuis leur origine jusqu'à l'année 1808. *Paris*, 1810, 2 vol. in-8.

1292. L.-Am. Sédillot. Matériaux pour servir à l'histoire comparée des sciences mathématiques chez les Grecs et chez les Orientaux. *Paris*, *F. Didot*, 1845, in-8.

1293. — Prolégomènes des Tables astronomiques d'Oloug-Beg publiés avec notes et variantes, et précédés d'une introduction. *Paris*, 1847, in-8, demi-maroq. bleu.

1294. — Prolégomènes des Tables astronomiques d'Oloug-Beg. Traduction et commentaire. *Paris*, *F. Didot*, 1853, gr. in-8.

1295. C.-A.-A. Dilling. De Græcis mathematicis, mathematico-historica commentatio. *Berolini*, 1831, in-8.

1296. Guillaume Libri. Histoire des sciences mathématiques en Italie, depuis la renaissance des lettres jusqu'à la fin du dix-septième siècle. *Paris*, *Renouard*, 1841, 4 vol. in-8.

1297. Dr Moritz Cantor. Mathematische Beiträge zum Kulturleben der Völker. *Halle*, 1863, in-8, demi-maroq. vert.

1298. L. Luders. Pythagoras, oder die Mathematik der Alten. *Altemburg*, 1809, 1 vol. in-8, cartonn.

1299. J. Struve et K.-L. Struve. Altes griechisches Epigramm mathematischen Inhalts. *Altona*, 1821, in-8.

1300. J.-O. Halliwell. Rara mathematica, or a collection of treatises on the mathematics and subjects connected with them from ancient inedited manuscripts. 2e édit. *London*, 1841, in-16, rel. toile.

N ec. *Nombres.*

1301. Fabii Paulini Utinensis philosophicæ hebdomades. *Venetiis*, 1589, 1 vol. in-4, parch.

1302. Athanasii Kircheri Arithmologia, sive de abditis numerorum mysteriis. *Romæ*, 1665, in-4, vélin.

1303. Saint-Martin. Des Nombres. *Paris*, 1843, in-4, demi-rel. veau.

1304. Le comte de Saint-Martin. Les Nombres, œuvre posthume, suivie de l'Essai sur l'association humaine, etc., par *Matter*, ouvrages recueillis et publiés par L. Schauer. 1861, in-4, broch.

1305. J.-B.-J. Dessoye. L'Absolu dans un principe et une révolution dans un seul chiffre, ou Magie numérale et mystères de la contradiction. *Paris*, 1863, gr. in-8.

1306. Recueil d'opuscules sur les nombres, par Orioli, Morell, Halliwel, Greppo, Jacquet, Peignot, Francœur. 15 mémoires en 1 vol. in-8, demi-maroq. violet.

1307. A.-P. Pihan. Exposé des signes de numération usités chez les peuples orientaux anciens et modernes. *Paris*, *I. imp.*, 1860, in-8.

1308. Drieberg. Arithmetik der Griechen. *Leipzig*, 1819, in-8, demi-maroq. bleu.

1309. Nesselmann. Die Algebra der Griechen. *Berlin*, 1842, in-8, broché.

1310. F. Woepcke. L'Algèbre d'Omar Alkhayyâmî, publ., trad. et acc. de notes. *Paris*, 1851, gr. in-8, demi-maroq. bleu.

1311. — Extrait du Fakhrî, traité d'algèbre par *Abou-Bekr-Mohamed-Ben-Alhaçan-Alkarkhî*, précédé d'un mémoire sur l'algèbre indéterminée chez les Arabes. *Paris*, 1853, gr. in-8.

1312. Beha-Eddin-Mohammed. Khélasat al Hisab (essence du calcul); texte arabe, traduction allemande et traduction française. In-8, demi-rel. bleu.

1313. Chr. Hunichius. Archimedis opinio de arenæ numero. *Lipsiæ*, 1593, pet. in-4, cartonn. gris.

1314. Q. Leslie. The Philosophy of Arithmetic. *Edinburgh*, 1820, in-8, demi-maroq. vert.

1315. Jac. Gohorii de Usu et Mysteriis notarum liber, in quo vetusta liberorum et numerorum ex sibylla nominum ratio explicatur. *Paris,* 1550, 1 vol. in-8, maroq. rouge à filets d'or.

1316. Paschasius Hamellius. Commentarius in Archimedis Syracusani præclari Mathematici librum de numero arenæ, multis locis per eumdem Hamellium emendatum. *Lutetiæ, apud Gulielmum Cavellat,* 1557, pet. in-12 carré, cartonn. gris.

1317. Georges l'Apôtre. Le Septénaire, ou louange du nombre sept, de George l'Apostre, à George de Maubuisson, son Mécène. *A Paris, chez Guill. Linocier,* 1589, pet. in-8, veau uni.

N ed. *Géométrie.*

1318. Vincent. Viviani. De locis solidis secunda divinatio geometrica in V libros injuria temporum amissos Aristæi senioris geometræ, opus conicum... *Florentiæ,* 1673-1701, in-8, vélin.

1319. Marinus Ghetaldus. Apollonius redivivus, 1607. — Apollonius Gallus, 1607. — Propositiones de Parabola, 1603. — Problematum collectio, 1607. — De usu Geometriæ, 1572. 6 part. en un vol. in-4, parch.

1320. Recueil d'opuscules comprenant : Snellii Geometria. 1607. — Laurenberg. De natura Crepusculorum. 1615. — R. Baconis, Perspectiva. 1614, etc. 5 part. en 1 vol. in-4, demi-veau brun.

1321. Jo. Buteonis. Opera geometrica : in jure geometrico ; in jure civili. *Lugduni,* 1554, in-4.

1322. J. Laurenbergio. Gromaticæ libri tres : I° de Jugeratione, II° de Podismo, III° de Centuratione. *Hafniæ,* 1640, pet. in-4.

1323. Bartoli de Saxoferrato Tractatus de fluminibus. *Bononiæ,* 1576, in-4, demi-veau violet.

1324. Stoeber. De Theoremate Pythagorico. *Argentorati,* 1743, in-4.

1325. W. Berkhan. Das Problem der Pappus von den Berülhrungen durch die geometrischen Oerter aufgelost und erveitert. *Halle,* 1857. — Hellwig. Das Problem des Apollonius. *Halle,* 1856 ; 2 part. en 1 vol. in-8, demi-rel.

1326. Apollonius Pergæus. De Sectione rationis. Pappi Alexandrini præf. ad VII^{um} collect. math. cum lemmatibus ejusd. ad hos Apollonii libros. Edidit Halley. *Oxonii,* 1706, in-8, veau.

1327. Apollonius von Pergen. Edid. Rob. Simson, J. W. Camerer. *Leipzig*, 1796, in-8.

1328. D[r] W-A. Diesterweg. Die Bücher der Apollonius von Perga de sectione determinata. *Bonn*, 1822, in-8.

1329. — Die Bücher des Apollonius von Perga de inclinationibus, wiederhergestellt von Sam. Harsley... *Berlin*, 1823, in-8, demi-rel.

1330. M. G. Grabow. De Sectione determinata. *Francfurt-am-Main*, 1828, in-8, cart. noir.

1331. Dr W.-A. Diesterweg. Die Bücher des Apollonius von Perga, de Sectione spatii. *Elberfeld*, 1827, in-8, cart. gris.

1332. A. Richter. Porismen nach Robert Simson. *Elbing*, 1837, in-8.

1333. N.-Th. Reimer. Historia problematis de Cubi duplicatione. *Gottingæ*, 1798, in-8.

1334. W.-A. Diesterweg. Geometrische Aufgaben nach der Methode der Griechen. 1re collection. *Berlin*, 1825; 2e collection (Andere Sammlung). *Elberfeld*, 1828; 2 vol. in-8, cart.

1335. Chasles. Les Trois Livres de porismes d'Euclide, rétablis pour la première fois. *Paris*, 1860, in-8.

1336. F. Ernest. Com. ab Herberstein. Perpendiculum trigoni Pythagorici sectum, sive Exercitatio geometrica ad propositionem 47 lib. I Elementorum Euclidis duodecim problematis expedita et demonstrata. *Vetero-Pragæ*, *in Aula Regia*, 1712, in-12.

1337. August. Richter. Des Apollonius von Perga Zwei Bücher de sectione Rationis (trad. du lat. de Halley). *Elbing*, 1836, pet. in-8, demi-maroq. vert.

1338. Dr L. Woeckel. Die Geometrie der Alten in einer Sammlung von 824 Aufgaben. *Nurnberg*, 1847, in-12.

N ee. *Astronomie.*

1339. Bailly. Histoire de l'astronomie ancienne depuis son origine jusqu'à l'établissement de l'école d'Alexandrie; 2e éd. *Paris*, 1781, in-4, veau.

1340. S. Assemanus. Globus cœlestis cufico-arabicus Veliterni Musei Borgiani. *Patavii*, 1790, in-4, demi-basane.

1341. Cleomedes, ex rec. Bakii edidit Schmidt. *Lipsiæ*, 1832. — Manilius. Astronomicon, recensuit Jacob. *Berolini*, 1846. — Manethonis Apotelesmaticorum libri VI, recognovit

Axtius et Rigler. *Col. ad Rhenum,* 1832; 3 part. en 1 vol. in-8.

1342. C.-G.-S. Recherches sur l'origine et la signification des constellations de la sphère grecque, trad. du suédois. *Paris,* 1807, in-8, demi-rel., dos vert.

1343. Ristoro d'Arezzo. La Composizione del mondo, testo italiano del 1282, publ. da Narducu. *Roma,* 1859, in-8.

1344. L'abbé J.-M.-F. Guérin. Astronomie indienne d'après la doctrine et les livres anciens et modernes des Brames sur l'astronomie, l'astrologie et la chronologie, etc. *Paris,* 1847, in-8, demi-veau vert.

1345. Gregorii, Turonensis episcopi, liber ineditus, de Cursu stellarum... edidit Haase. *Vratislaviæ,* 1853.

N eg. *Sciences militaires.*

1346. Hermann Hugo. De Militia equestri antiqua et nova. *Antwerpiæ,* 1630, 1 vol. in-fol. vélin.

1347. Pancirollus. Notitia dignitatum imperii. — De rebus bellicis. *Genevæ,* 1623, in-fol. vélin.

1348. Rob. Valturius. De re militari libri XII. *Parisiis, apud Chr. Wechel,* 1534, in-fol. parch.

1349. Justi Lipsii de Militia romana, libri V. *Antverpiæ,* 1630. — Justi Lipsii, Poliorceticων, s. de machinis, tormentis, telis, libri V; ed. IV^{a}. *Antverpiæ,* 1625, in-4, vélin.

1350. — Poliorceticon, sive de machinis, tormentis, telis, libri quinque. *Antuerpiæ,* 1596, 1 vol. in-4, veau.

1351. Cl. Salmasii De re militari Romanorum liber. Opus posthumum. *Lugd. Batav.,* 1657, in-4, vélin.

1352. Jacobi Lydii Syntagma sacrum de re militari necnon de jurejurando, etc., illustravit Salomon Van Til. *Dordrecht,* 1698, in-4, parchemin.

1353. Joh. Alstorphius. De Hastis veterum, opus posthumum nunc primum in lucem editum, cum multis tabularum ænearum iconibus. *Amstelædami et Lipsiæ,* 1757, in-4, demi-veau.

1354. Turpin de Crissé. Commentaires sur les Institutions militaires de Végèce. *Montargis,* 1779, 3 vol. in-4, demi-vélin blanc.

1355. G.-H. Dufour. Mémoire sur l'artillerie des anciens et sur celle du moyen âge. *Paris, Genève,* 1840, in-4.

1356. L.-N. Bonaparte et Favé. Etudes sur le passé et l'avenir de l'artillerie, ouvrage continué à l'aide des notes de l'Empereur. *Paris*, 1846-1861, in-4, 4 vol.

1357. Joa. Got. Krüger. De Sclopeto. *Halæ Magdeburgi*, 1737, p. in-4.

1358. Charles Guischard. Mémoires critiques et historiques sur plusieurs points d'antiquités militaires. *Berlin*, 1774, 4 vol. in-8, br.

1359. Dureau de La Malle. Poliorcétique des anciens, ou de l'attaque et de la défense des places avant l'invention de la poudre. *Paris*, 1819, 1 vol. in-8, et atlas in-4, broché.

1360. F. de Ciriacy. Histoire de l'art militaire chez les anciens, trad. par Ed. de La Barre-Duparc. *Paris*, 1854, in-8.

1361. W. Rüstow et H. Köchly. Geschichte des griechischen Kriegswesens. *Aarau*, 1852, in-8.

1362. — Heerwesen und Kriegführung C. Julius Cäsars. *Nordhausen*, 1862, in-8.

1363. Maubert de Gouvest. Mémoires militaires sur les anciens, etc. *La Haye*, 1762, 2 vol. en 1, in-12, rel. en veau.

1364. H. Savilius. In Taciti Historias, Agricolæ Vitam, et Commentarius de militia romana. *Amstelodami, apud L. Elzevirium*, 1649, p. in-12, vélin.

1365. Louis-Napoléon Bonaparte. Précis historique sur l'arme de l'artillerie. *Paris*, 1849, p. in-18, cartonn. toile.

1366. Syntagma historico-philologicum de re militari veterum, accurante Kiesewettero. *Erfurti*, 1736, p. in-8, vél.

1367. P. Rami Liber de Militia Julii Cæsaris. *Basileæ*, 1674, p. in-8.

N eh. *Marine*.

1368. J. Schefferus. De Militia navali veterum libri quatuor. *Upsaliæ*, 1654, in-4, vélin.

1369. Marci Meibomii de Fabrica triremium. *Amsterdam*, 1671, in-4, vélin.

1370. Huet. Histoire du commerce et de la navigation des anciens. *Lyon*, 1763, in-8, veau.

1371. Leroy. La Marine des anciens peuples. *Paris*, 1777, in-8, demi-veau.

1372. Le Père de Languedoc, S. J. Dissertations sur les trirèmes ou vaisseaux de guerre des anciens. *Paris*, 1721, pet. in-12, cart. rouge, dos maroq. rouge, fil. dor.

1373. Deslandes. Essai sur la marine des anciens et particulièrement sur leurs vaisseaux de guerre. *Paris*, 1768, in-12, veau.

1374. Aug. Jal. La Flotte de César. Virgilius nauticus, etc. Etudes sur la marine antique. *Paris*, 1861, in-18.

N ei. *Applications diverses.*

1375. D. C. Scharffio auctore, Commentatio de veterum re telegraphica. *Vimariæ*, 1842, in-4, cartonn. fauve doré.

1376. Jo. Ign. Vollandus. De Libris plicatilibus veterum. *Altorphii Noric*, 1717, p. in-4, cartonné.

1377. P. Bertii de Aggeribus et pontibus hactenus ad mare exstructis digestum novum. *Parisiis*, 1629, in-4.

1378. Autori che trattano del moto delle acque. *Venezia*, 1841, in-12, br.

1379. Jules Thieury. La Lettre de change, son origine. Documents historiques. *Paris*, 1862, in-16.

N f. MÉTROLOGIE ANCIENNE.

1380. Georgii Agricolæ et aliorum de Mensuris et ponderibus Romanorum atque Græcorum, etc. *Basileæ*, 1550, in-fol. v.

1381. G. Budæi de Asse. *Parisiis*, 1514, in-fol. demi-rel.

1382. Girolamo Francesco Cristiani delle misure d'ogni genere antiche e moderne. *Brescia*, 1760, in-fol. parchemin.

1383. Henrichi Louti Glareani Liber de Asse et partibus ejus. *Basileæ*, 1550, in-fol. demi-rel.

1384. Recueil d'opuscules, comprenant : Waser, de Ponderibus, 1610; Bornitius, de Nummis, 1608; Y. Capellus, de Ponderibus, 1603. 3 part. en 1 vol. in-4, veau plein, anc. reliure.

1385. Hoc in volumine hæc continentur : — M. Val. Probus, de notis roman. — Petrus Diaconus, de ead. re. — Demetrius Alabaldus, de Minutiis, de Ponderibus, de Mensuris. — Ven. Beda, de Computo per gestum digitorum, de Loquela, de Ratione unciarum. — Leges XII Tabularum Pontificiæ. De Ritibus Romanorum. — Phlegontis Trall. Epistola de moribus Ægyptiorum. — Aureliani Cæsaris Epistola de officio tribuni milit. — Inscriptiones antiquæ... ed. Tacuinus. — Hæc omnia nunc primum ed. *Venetiis*, 1525, pet. in-4, vélin.

1386. C. Waser. De Antiquis Numis Hebræorum, Chaldæorum et Syrorum, etc., libri II; add. figuræ numorum. *Tiguris,* 1605, p. in-4.

1387. Johannis Seldeni de Nummis et antiqua pecunia romana et græca. 1685, in-4, demi-rel.

1388. Joh. Frederici Gronovii de Sestertiis. *Lugduni Batavorum,* 1691, in-4, vélin.

1389. Caroli Arbuthnotii Tabulæ antiquorum nummorum, etc., in linguam latinam conversæ op. Dan. Konigii. *Trajecti ad Rhenum,* 1756, in-4, veau.

1390. J.-F.-G. Palaiseau. Métrologie universelle ancienne et moderne, etc. *Bordeaux,* 1816, in-4, demi-maroq. fauve.

1391. M. le comte Germain Garnier. Mémoire sur la valeur des monnaies de compte chez les peuples de l'antiquité. *Paris,* 1817. Mémoires 1er et 2e, 2 vol. in-4, brochés. — Observations en réponse aux Considérations générales sur l'évaluation des monnaies grecques et romaines, etc. *Paris,* 1818, in-4, br.

1392. Vasquez Queipo. Essai sur les systèmes métriques et monétaires des anciens peuples. *Paris,* 1859, 4 vol. gr. in-8.

1393. Lesparrat. Métrologies constitutionnelle et primitive comparées entre elles et avec la métrologie d'ordonnance. *Paris,* 1801, 2 vol. en 1, in-4, demi-veau.

1394. De Romé de L'Isle. Métrologie, ou tables pour servir à l'intelligence des poids et mesures des anciens, etc., et notamment des monnaies grecques et romaines. *Paris,* 1789, in-4, veau.

1395. Prisciani grammatici, de Laude imperatoris Anastasii, et de ponderibus et mensuris carmina, ed. Endlicher. *Vindobonæ,* 1828.

1396. Georgii Agricolæ de Mensuris et ponderibus. *Basileæ,* 1533, 1 vol. in-4, veau.

1397. August. Böckh. Metrologische Untersuchungen... *Berlin,* 1838, in-8, demi-reliure.

1398. J. Girod. Dictionnaire spécial et classique des monnaies, poids, mesures, divisions du temps, chez les Grecs, etc. *Paris, Lyon,* 1827, in-8, cartonn. marbré.

1399. J. Pr. Wurm. De Ponderum, nummorum, mensurarum ac de anni ordinandi (ratione) apud Romanos et Græcos. *Stutgardiæ,* 1821, in-8.

1400. Carondelet. Tables de réduction (comparaison des anciennes aux nouvelles mesures de Strasbourg). *Strasbourg, an X,* in-8, demi-veau marbré.

1401. Fried. Hultsch. Griechische und römische Metrologie. *Berlin*, 1862, in-8.

1402. F.-A. Ukert. Ueber die Art, etc. (mesure du stade). *Weimar*, 1813, in-8.

1403. And. Alciati libellus de Ponderibus et mensuris, etc... *Haganoæ*, 1530, in-12, demi-rel. bas.

1404. G. Budé. Summaire ou Epitome du livre de Asse. *Paris*, 1538, in-12, demi-rel. dos brun.

1405. Hieronimi C. Cardani, medici mediolanensis, Practica arithmetice et mensurandi singularis, etc. *Parisiis*, 1539, pet. in-8, demi-veau.

1406. R. Senali de matrimonio mosaico, per legem evangelicam, refutato axioma. *Parisiis*, 1574. in-12.

1407. P. Eberus et Casp. Peuceri. Vocabula rei numariæ, pond. et mensur. græc. lat., etc. *Lipsiæ*, 1570, in-16, cart.

1408. Fr. Garrault des Gorges. Mémoires et Recueil des nombres, poids, mesures et monnoyes anciennes et modernes, etc., etc. *Paris*, 1595, p. in-8, veau.

1409. Petri Craconii Toletani Opuscula, in columnæ rostratæ inscriptionem, de ponderibus, de mensuris, de nummis. *Romæ*, 1608, 1 vol. p. in-8. demi-veau.

1410. Jo. Mariana. De rege et regis intitutione; ed. II^a. *S. l.*, 1611. — De ponderibus et mensuris. *S. l.*, 1611, *Wechel*, p. in-8.

1411. Claudio Salmasio auctore. De Modo usurarum liber. *Lugd.-Batavorum*, 1639, in-8, vélin.

1412. Cl. Salmasii De annis climactericis et antiqua astrologia diatribæ. *Lugd.-Batavorum*, 1648, in-8, vélin.

1413. Joh.-Frederici Gronovii De Sestertiis seu subsecivorum pecuniæ veteris græcæ et Romanæ libri IV. *Amstelodami, apud Elzevirios*, 1656, in-8, vélin.

1414. — De centesimis usuris et fœnore unciario. *Lugduni-Batavorum*, 1661, in-8. demi-veau.

1415. J.-Fr. Gronovius. De centesimis usuris et fœnore unciario, Ἀντεξήγησις II. *Lugd.-Bat.*, 1664, p. in-8.

1415 *bis*. H.-G. Thulemannus edit. De variis siclis et talentis Hebræorum, etc., libri II, quib. præmittitur : De ponderibus et mensuris ex G. Budæi de Asse libris excerpta. *Erfurti*, 1676, p. in-12, veau.

1416. B. Beverini 1° Syntagma de ponderibus et mensuris (veterum); 2° De Romanorum comitiis cum præf. et ind. J. Walchii. *Lucæ*, 1711, in-12, br.

1417. Jo-Casp. Eisenschmidius. De ponderibus et mensuris veterum Romanorum. *Argentorati*, 1737, in-8.

1418. Saigey. Traité de métrologie anc. et mod., suivi d'un Précis de chronologie et des signes numériques. *Paris*, 1834, in-12, demi-veau m.

N g. JEUX ANCIENS.

1419. Hieron. Mercurialis de arte gymnastica libri VI; 2ª ed. auctior. *Parisiis*, 1577, in-4, veau.

1420. Balthassaris Bonifacii Rhodigini Historia ludicra. *Bruxellæ*, 1656, in-4.

1421. Francesco de Ficoroni. I tali ed altre strumenti lusor degli antichi Romani. *Rome*, 1734, in-4, veau.

1422. Jos. Averani Monumenta latina posthuma (jeux antiques; Discours sur la Jurisprudence, etc.; Proposition méchaniq. de Galilée sur le mouvement des graves). *Florentiæ*, 1769, in-4, demi-veau vert.

1423. Jo. Aquila. De omni ludorum genere. *Oppenheim*, 1516, p. in-4, cartonn. jaune.

1424. Danielis Souterii Palamedes, sive de Tabula lusoria, alea et variis ludis libri tres. *Lugduni-Batavorum, Elzevir*, 1622.—Joannis Meursii de ludis Græcorum liber singularis. *Lugduni-Batavorum, Isaac Elzevir*, 1622. 2 parties en 1 vol. in-8, vélin.

1425. Pascasii Justi De alea libri duo. *Amsterdam*, 1642, petit in-12, v.

1426. Thomas Hyde. De Ludis orientalibus libri duo. *Oxonii*, 1694, in-4, vélin.

1427. Gisberti Voetii Disceptatio de Lusu Aleæ a censuris vindicata. *Ultrajecti*, 1660, in-12.

N h. HISTOIRE DES BEAUX-ARTS CHEZ LES ANCIENS.

1428. Thiersch. Dissertatio qua probatur veterum artificum Opera veterum poetarum carminibus optime explicari. *Munich*, 1835, 1 vol. cartonné in-fol.

1429. Francisci Junii ff. de pictura veterum libri tres. *Amst.*, 1637, in-4, veau brun.

1430. Recueil d'opuscules sur les beaux-arts chez les anciens, par Benndorf, Welcker, Dubois. 4 part. en 1 vol. in-8, demi-maroq.

1431. J. Sillig. Catalogus artificum. *Dresdæ et Lipsiæ*, 1827, in-8.

1432. J.-P. Rossignol. 1° Sur l'Inscription de Delphes citée par Pline; 2° Sur le livre des Peintures antiques d'Anaximène; 3° Sur la signature des œuvres d'art chez les anciens. *Paris*, 1850, in-8.

1433. Winckelmann. Remarques sur l'architecture des anciens. *Paris*, 1783, 1 vol. in-8, broché.

1434. Em. Gebhart. Praxitèle. Essai sur l'histoire de l'art et du génie grecs depuis l'époque de Périclès jusqu'à celle d'Alexandre. *Paris*, 1864, in-8.

1435. Pomponii Gaurici e sculptura seu statuaria, etc., veterum. *Antuerpiæ*, 1528, in-12 v. br.

N i. PEINTURE, SCULPTURE, ŒUVRES D'ARCHITECTURE, PIERRES GRAVÉES.

1436. Dr A. Comarmond. Description des antiquités et objets d'art contenus dans les salles du palais des arts de la ville de Lyon. *Lyon*, 1855-57, gr. in-4.

1437. C. Gottleberus. De gemmarum scalptarum excellentia et utilitate commentatio brevis. *Dresenæ*, 1780, gr. in-4, cartonné, doré sur tranches.

1438. Recueil d'opuscules sur les pierres gravées, mélanges par Kocler, Stickel, Schlaeger. 4 part. en 1 vol. in-4, demi-maroq. noir.

1439. Abraham Gorlæi Dactyliotheca cum explicationibus Jacobi Gronovii. *Leidæ*, 1707, 2 tomes en 1 vol. in-4, vélin.

1440. Fortunius Licetus Genuensis. De anulis antiquis liber singularis... *Utini*, 1645, in-4, vélin.

1441. Blasii Cariophili de antiquis marmoribus. *Viennæ*, 1738, in-4, cartonné.

1442. Dissertatio glyptographica sive gemmæ duæ vetustissimæ explicatæ, etc. *Romæ*, 1739, in-4, cartonné à la Bradel.

1443. Pauli M. Paciaudi Diatribe qua græci anaglyphi interpretatio traditur. *Romæ*, 1751, in-4.

1444. Francisci Ficoroni Gemmæ antiquæ litteratæ. *Romæ*, 1757, in-4, broché.

1445. A.-L. Cointreau. Dissertation sur le vase d'or trouvé à Rennes, le XXVI mars 1774, avec deux planches. *Paris*, 1802, an X, in-4, demi-rel. veau.

1446. Félix Lajard. Observations sur l'origine et la signification du symbole appelé la croix ansée. *Paris,* 1847, in-4, cart. bleu.

1447. Andrea Bacri. Le XII Pietre pretiose le quali per ordine di Dio nella santa legge adornavano i vestimenti del sommo Sacerdote. *Roma,* 1587, in-4, cartonn.

1448. J. de Witte. 1° Description d'une collection de vases peints et bronzes antiques provenant des fouilles d'Étrurie. *Paris,* 1837. 2° Description des vases peints et des vases antiques formant la collection de M. de M., 1839. 3° — de M. le vicomte Beugnot, 1840. 1 vol. in-8, demi-veau fauve.

1449. Caroli Paschalii Coronæ, opus X libris distinctum, quibus res omnis coronaria e priscorum eruta et collecta monumentis continetur. *Lugduni-Batavorum,* 1671, in-8, veau brun.

1450. Moreau de Mautour. Dissertation sur une figure de bronze trouvée dans un tombeau et qui représente une divinité des anciens. *Paris,* 1706, in-8, v.

1451. L'abbé Cochet. Le Tombeau de Childéric Ier, roi des Francs, restitué à l'aide de l'archéologie, etc. *Paris-Rouen,* 1859, gr. in-8.

1452. Achille Jubinal. Recherches sur l'origine des tapisseries à personnages, dites historiées, depuis l'antiquité jusqu'au seizième siècle inclusivement. *Paris,* 1840, gr. in-8.

1453. Georg. Longus. De Annulis signatoriis antiquorum, sive de vario obsignandi ritu Tractatus. Edid. Ruheus. *Francof. et Lips.,* 1709, pet. in-8, demi-maroq. violet.

1454. Th. Bartholin. De armillis Schedion; accessit O. Wormii de aureo cornu danico ad Licetum. *Amstelodami,* 1676, pet. in-12, veau armorié.

1455. Baudelot. Explication d'une pierre gravée du cabinet de Monseigneur le comte de Pontchartrain. *Paris,* 1710, in-12.

1456. J. de Witte. Notice sur les vases peints et à reliefs du musée Napoléon III. *Paris* (1862), in-16.

1457. R. P. F.-Curtius-Franciscus de Corte. Syntagma de Annulis, sive tractatus annularis de annulorum origine, virtute et dignitate, etc. *Antverpiæ* (1706), in-8, veau.

1458. Basil.-Seb. Castellanos de Losada. Catalogo del museo de Antiguedades de la Bibliotheca nacional de Madrid. *Madrid,* 1847, in-12.

1459. Franc. Rueus. De Gemmis aliquot, iis præsertim quarum divus Joannes Apostolus in sua Apocalypsi meminit.

(Accd. Paschasii Balduini epistola ad Fr. Rucum). *Parisiis, apud Chr. Wechel*, 1547, pet. in-8, vélin.

N k. MONUMENTS, FOUILLES.

1460. Santi Bartoli Colonna Trajana, etc., nuovamente disegnata et intagliata. *Roma, G. G. de Rossi*, 1676, in-fol. oblong.

1461. Ant. Labaccus. Libro appartenente a l'architettura nel qual si figurano alcune notabili antiquità di Roma. 1 vol. in-fol., rel. veau.

1462. J. Labarte. Le Palais impérial de Constantinople et ses abords, Sainte-Sophie, le forum Augusteon et l'Hippodrome, au xe siècle. *Paris, Didron*, gr. in-4, fig.

1463. Hier. Aleander. Antiquæ Tabulæ marmoreæ solis effigie... exsculptæ accurata explicatio. *Lutetiæ, P. Cramoisy*, 1617, in-4, rel. en veau.

1464. Annibale degli Abasi Olivieri. Esame del bronzo Lerpiriano, publicato dallo Spon in Pesaro. 1771, in-4, cart.

1465. Gio.-L. Zuzzeri. D'una antica *villa* scoperta sul dosso del Tusculo, e d'uno antico orologio a sole, etc. *Venezia*, 1746, in-4, demi-rel.

1466. C. Wescher. Étude sur le monument bilingue de Delphes, suivie d'éclaircissements sur la découverte du mur oriental, avec le texte de plusieurs inscriptions inédites, etc., etc. *Paris*, 1868, in-4.

1467. L. M. (Mai). Temples anciens et modernes, ou Observations hist. et crit. sur les plus célèbres monuments d'archit. grecque et gothique. *Londres*, 1774, in-8, veau.

1468. L'abbé Bourassé. Archéologie chrétienne, ou Précis des monuments religieux du moyen âge. *Tours, Mame*, 1842, in-8.

1469. Winckelmann. Recueil de lettres sur les découvertes faites à Herculanum, à Pompéi, à Stabia, à Caserte et à Rome; traduit de l'allemand. *Paris*, 1784, in-8, broch.

1470. Description des antiquités de la ville de Nismes. *Nismes*, 1786, in-8, cartonn. vert.

1471. Lettre sur les peintures d'Herculanum, aujourd'hui Portici. (*Bruxelles*), 1751, in-12, n. rel.

1472. M. R. (Requier). Recueil général historique et critique de tout ce qui a été publié de plus rare sur la ville d'Herculane, etc. *Paris*, 1754, pet. in-8, rel. en veau.

1473. MM. Cochin et Bellicard. Observations sur les antiquités d'Herculanum, avec quelques réflexions sur la peinture et la sculpture des anciens et une courte descript. de plusieurs antiquités des environs de Naples; 2e édition, avec gravures. *Paris*, 1755, in-8, veau.

1474. L'abbé Ballet. Histoire des temples des payens, des juifs et des chrétiens. *Paris,* 1760, in-12, br.

1475. Hadriani Valesii Disceptatio de Basilicis quas primi Francorum reges condiderunt aut ab origine monachos habuerunt. *Paris,* 1657, pet. in-8, vélin.

N l. ÉPIGRAPHIE.

1476. W.-H. Waddington. Édit de Dioclétien établissant le maximum dans l'empire romain, etc. *Paris,* 1864, très-gr. in-4.

1477. L. Renier. Mélanges d'épigraphie. *Paris, F. Didot, Klincksieck,* 1854, in-8.

1478. Jac.-Chr. Lindberg, adjuncto scholæ metropolitanæ, de Inscriptione melitensi phœnico-græca commentatio. *Hanniæ,* 1828, in-8, demi-rel.

1479. Charpentier. Défense de la langue françoise pour l'inscription de l'arc de triomphe, dédiée au roy. *Paris,* 1676. pet. in-8, veau.

N m. NUMISMATIQUE.

1480. Médailles sur les principaux événements du règne de Louis le Grand, avec des explications historiques, par l'Académie royale des médailles et des inscriptions, rédigées par Charpentier, Tallemant, J. Racine, Boileau, de Tourneil, Renaudot, Dacier, Pavillon et Bignon. *Paris, Impr. roy.,* 1702, 1 vol. in-fol., veau brun.

1481. Godonnesche. Médailles du règne de Louis XV. 1715, 1 vol. in-fol., veau marbré.

1482. Adrien de Longpérier. Essai sur les médailles des rois perses de la dynastie sassanide. *Paris,* 1840, gr. in-4.

1483. Joannis Jacobi Luckii Sylloge numismatum elegantiorum quæ diversi Imp., Reges, Principes, etc. *Argentinæ,* 1620, in-fol., demi-rel. en veau vert.

1484. E. Beulé. Les Monnaies d'Athènes. *Paris,* 1858, gr. in-4.

1485. L'abbé Ghesquière. Dissertation sur les différents genres de médailles antiques. *Bruxelles*, 1779, in-4, demi-reliure.

1486. Poinsinet de Sivry. Nouvelles Recherches sur la science des médailles, inscriptions et hiéroglyphes antiques. *Maestricht*, 1778, 1 vol. in-4, broché.

1487. A. de Longpérier. Mémoire sur la chronologie et l'iconographie des rois parthes arsacides. *Paris*, 1853, in-4, 18 pl. gr.

1488. Victor Langlois. (Bibliothèque histor. arménienne.) Numismatique de l'Arménie dans l'antiquité. *Paris*, 1859, in-4.

1489. Sigeberti Havercampi Dissertationes de Alexandri Magni numismate et de nummis contorniatis cum figuris. *Lugd. Batavorum*, 1722, in-4, v.

1490. Discorsi di Enea vico parmigiano supra le medaglie de gli antichi. *Venetiis*, 1555, pet. in-4.

1491. P.-A. Boudard. Numismatique ibérienne. *Béziers*, 1857, 2 vol. (texte et atlas) in-4, demi-maroq. violet.

1492. T.-E. Mionnet. Description de médailles antiques grecques et romaines, avec leur degré de rareté et leur estimation, ouvrage servant de catalogue à une suite de plus de 20,000 empreintes en soufre, prises sur les pièces originales; recueil de planches. *Paris*, 1821, in-8, demi-reliure veau.

1493. J. de Fontenay. Manuel de l'amateur de jetons. *Paris*, *Didron*, 1854, in-8.

1494. Levinus Hulsius. Impp. romanorum numismatum series a C. Julio Cæsare ad Rudolphum II. *Francofurti*, 1603, 2 p. in-8, parch.

N n. CHRONOLOGIE, CALENDRIER.

1495. Joanne Stœfflero auctore. Calendarium romanum. *Openheim*, 1518, 1 vol. vélin, in-fol.

1496. Georgii Monachi, etc., quondam Syncelli, Chronographia ab Adamo usque ad Diocletianum, et Nicephoræ, patriarchæ C. P. (Constantinopolitani), Breviarium chronographicum ab Adamo usque ad Michaelis et ejus filii Theophili tempora. *Parisiis*, *typogr. reg.*, 1652, 1 vol. gr. in-fol., relié en veau.

1497. Eusebii Pamphili Chronicorum canonum libri duo, edid. Maius et Zohrabus. *Mediolani*, 1818, in-fol., dos en vélin.

1498. G. Lloyd. Series chronologica Olympiadum, Pythiadum, Isthmiadum, Nemeadum, quibus veteres Græci tempora sua metiebantur. *Romæ*, 1700, in-fol. demi-vélin.

1499. N. de Wailly. Éléments de paléographie. *Paris*, 1838, 2 vol. in-fol.

1500. Recueil d'opuscules sur la géographie, l'histoire et la chronologie, par Dresser, Hermann, Franckenberg, Zinkeisen. 9 part. en 1 vol. gr. in-4, demi-maroq. violet.

1501. Religieux Bénédictins. L'Art de vérifier les dates des faits historiques, des chartes, des chroniques et autres anciens monuments, par le moyen d'une table chronologique. *Paris*, 1750, in-4.

1502. D. Johannis Marshami Canon chronicus, ægyptiacus, ebraicus, græcus et disquisitiones. *Lipsiæ*, 1676, 1 vol. in-4, veau.

1503. Fréret. Défense de la chronologie fondée sur les monuments de l'histoire ancienne, contre le système chronologique de M. Newton. *Paris*, 1758, in-4, demi-maroq. noir.

1504. G. Hier. Velschii Commentarius in Ruzname naurus, sive Tabulæ æquinoct. novi Persarum et Turcarum anni. *Aug. Vindel.*, 1676, pet. in-4, vélin.

1505. Sebastiani Munsteri Kalendarium hebraicum. *Basileæ*, 1527, in-4, cartonné à la Bradel.

1506. Wilhelm Laugi de Annis Christi libri duo. *Lugduni Batavorum*, 1649, 1 vol. in-4, parchemin.

1507. Jo. Jac. Rabe. Calendarium festorum dierumque mobilium atque immobilium perpetuum. *Onoldi*, 1735, in-4, carton.

1508. H. Dodwellus. De veteribus Græcorum Romanorumque Cyclis, obiterque de Cyclo Judæorum, ætate Christi, etc. *Oxonii*, 1701, in-4, vélin.

1509. Ed. Dulaurier. (Bibliothèque histor. arménienne.) Recherches sur la Chronologie arménienne technique et historique. T. Ier. Chronologie technique. 1859, in-4.

1510. Furii Dionysii Philocali Calendarium antiquum sub annum 352 scriptum. 1781, in-4, cartonné.

1511. Ant. Pilgram. Calendarium chronologicum ex medii potissimum ævi monumentis. *Viennæ*, 1781, in-4. demi-maroq. vert.

1512. Observationes in Theonis Fastos græcos priores et in ejusdem Fragmentum in expeditos canones; accedit de canone regum astronomico ejusq. auctoribus, etc. *Amstelædami*, 1735, in-4, demi-maroquin rouge.

1513. Jo. von Gumpach. Practical Tables for the reduction of mahometan dates to the christian Kalendar, etc. *London*, 1856, in-4, cartonn.

1514. Nordmeyer. Calendarium Ægypti œconomicum. *Gottingæ*, 1792, in-4.

1515. (Avianus.) Computus (1492). — Publicius. Oratoriæ artis epitome. *Venetiis*, (1485). — J. de Sacro-Busto. Sphæricum Opusculum, etc. *Venetiis*, 1485. — 3 part. en 1 vol. pet. in-8, demi-rel. veau bl.

1516. René Martin. Mémoire sur le Calendrier hébraïque, précédé d'un chapitre sur le Calendrier des chrétiens et sur ses origines, etc., etc. 2e partie. 1 atlas p. in-4, demi-maroquin pourpre. *Angers*, 1863, in-8.

1517. Th. Benfey und M. A. Stern. Ueber die Monatsnamen einiger alter Völker insbesondere der Perser, Cappadocier, Juden und Syrer. *Berlin*, 1836, in-8.

1518. Aug. Böckh. Ueber die vierjährigen Sonnenkreise der Alten vorzüglich den Eudoxischen (Cycle solaire). *Berlin*, 1863. in-8, demi-veau gris.

1519. J. von Gumpach. Ueber den Altjüdischen Kalender zunächst in seiner Beziehung zur neutestamentlichen Geschichte, etc. *Brüssel*, 1848, in-8, cartonnage anglais.

1520. J. Le Boyer. Traité complet du Calendrier. *Nantes et Paris*, 1822, in-8, demi-maroquin fauve.

1521. Aug. de Morgan. The Book of Almanacs with an Index of reference, etc. *London*, 1851, in-8 oblong, cartonnage anglais.

1522. G. Rodier. Antiquité des races humaines. — Reconstitution de la chronologie et de l'histoire par l'examen des documents et par l'astronomie; 2e édition. *Paris*, 1864, in-8.

1523. Dom Clément. L'Art de vérifier les dates des faits historiques, des inscriptions, des chroniques et autres anciens monuments, *avant* l'ère chrétienne (réimprimé par de Saint-Allais). *Paris*, 1819, 5 vol. in-8, demi-reliure.

1524. — L'Art de vérifier les dates des faits historiques, des chartes, des chroniques et autres anciens monuments, *depuis* la naissance de Notre-Seigneur (réimprimé par de Saint-Allais). *Paris*, 1818-19, 10 vol. in-8, demi-rel.

1525. J. A. Fabricii Menologium, sive Libellus de mensibus, centum circiter populorum menses recensens, atque inter se conferens, cum triplici indice gentium, mensium et scriptorum. *Hamburgi*, 1713, in-12, rel. en parch.

1526. Ph. Munckeri De Intercalatione variarum gentium et præsertim Romanorum libri IV. *Lugduni Batavorum*, 1860, p. in-8, veau.

1527. Jo. Molther. Ζητήσεις (Quæstiones) de forma et quantitate anni diluviani, etc. *Francofurti*, 1618, p. in-8, vélin.

1528. J. d'Auzoles Lapeyre. Eclaircissements chronologiques et nécessaires pour les véritables positions des matières qui sont dans les poëtes et autres historiens fabuleux, etc. *Paris*, 1635, p. in-8, demi-maroquin noir.

1529. Lilii Gregorii Giraldi, de Annis et mensibus, cæterisque temporum partibus, etc..... ejusdem Calendarium et romanum et græcum. *Basileæ*, 1541, in-16, demi-veau jaune.

1530. P. Francisci Spinulæ de Intercalandi ratione corrigenda. *Venetiis*, 1562, p. in-8, parchemin.

1531. Jac. Pinonis De anno romano Carmen, cum annotationibus. *Parisiis*, 1616, in-16, vélin.

1532. Theodori Gazæ Thessalonicensis Liber de mensibus, grec et latin. *Basle*, 1536, 1 vol. in-12, demi-veau.

1533. Joh. Seldenus. De Anno civili veterum Judæorum. — Jac. Usserius. De Macedonum et Asianorum anno solari. *Lugd. Batavor.*, 1683, p. in-8, demi-vélin.

1534. Blondel. Histoire du calendrier romain, etc. *La Haye*, 1684, in-12, rel. veau fauve.

1535. D. Petavii (Petau) Rationarium temporum; ed. novissima. 3 vol. en 2 tom. *Venet.*, 1722, in-12, 2 vol. peau de truie, fermoirs.

1536. Michel Tourvine. Traité des Instructions du Calendrier universel et perpétuel. *Paris*, 1707, 1 vol. in-8, basane.

1537. Jo. Alberti Beugelii Cyclus, sive de Anno magno solis, etc. *Ulmæ*, 1745, 1 vol. petit in-8, demi-vélin.

1538. Ch. Fr. Wachter. De Anno Romanorum vetere. *Hammonæ*, 1816, p. in-12, dos percale verte.

N o. TOPOGRAPHIE ANCIENNE.

1539. H. Fournel. Etude sur la Conquête de l'Afrique par les Arabes, etc. *Paris, Impr. imp.*, 1857, in-4.

1540. Gosselin. Géographie des Grecs analysée. *Paris*, 1790, in-4, demi-reliure.

1541. P.-F.-G. Gosselin. De l'Evaluation et de l'emploi des mesures itinéraires grecques et romaines. *Paris*, 1813, in-4, demi-veau.

1542. Gosselin. Observations générales sur la manière de considérer et d'évaluer les anciens stades itinéraires, sur les erreurs que le faux emploi de ces mesures a répandues dans le système géographique des Grecs, et sur le moyen de ramener ce système à son exactitude primitive. In-4.

1543. D'Avezac. Ethicus et les ouvrages cosmographiques intitulés de ce nom. *Paris*, 1852, in-4.

1544. Recueil d'opuscules sur la géographie des anciens, par Quatremère, Lelewell, Maury, Biot, Eyriès, Nobbe, etc. 11 part. en 1 vol. in-8, demi-rel. gros vert.

1545. Recueil d'opuscules sur la géographie dans l'antiquité et dans le moyen âge, par d'Avezac. *Paris*, 1847-64. 9 mémoires en 1 vol. in-8, demi-maroq. rouge.

1546. D'Avezac. 1° Notice des découvertes faites au moyen âge dans l'océan Atlantique, etc., 1845; 2° Note sur la première expédition de Bethencourt aux Canaries, etc., etc., 1846; 3° Note sur la véritable situation du mouillage marqué au sud du cap Bugeder, etc., 1846, gr. in-8.

1547. — Martin Hylacomylus Waltremüller. Ses ouvrages et ses collaborateurs, etc., etc., par un géographe bibliophile. *Paris*, *Challamel*, 1867, in-8.

1548. P. Gyllii de Constantinopoleos Topographia lib. IV. *Lugd. Batav.*, *Elzev.*, 1632, in-16, demi-rel. veau brun.

Np. MŒURS ET USAGES DES ANCIENS.

1549. Laur. Pignorii de Servis et eorum apud veteres ministeriis Commentarius. *Padovæ*, 1694, in-4, vélin.

1550. Ant. Rich. Dictionnaire des antiquités romaines et grecques, accompagné de 2,000 gravures d'après l'antique, tr. par Chéruel. *Paris*, 1859, in-8, maroq. rouge.

1551. J. H. Meibomius. De Cervisiis, etc., Commentarius; accedit Adr. Turnebi libellus de Vino. *Helmestadius*, 1668, pet. in-4.

1552. F. L. Goetzius. De Pistrinis veterum, etc. *Cygneæ*, 1730, pet. in-8, demi-mar. brun.

1553. Albertii Rubenii Petri Pauli F. De Re vestiaria veterum, præcipue de latoclavo, libri duo; de Gemma Tiberiana. *Antuerpiæ*, 1665, 1 vol. in-4, v.

1554. Jo. Schefferi de Re vehiculari veterum libri duo, accedit Pyrrhi Ligorii, de vehiculis fragmentum, nunquam ante publicatum. *Francofurti*, 1671, in-4, vélin.

1555. Recueil d'opuscules sur la Barbe et la Chevelure, publiés par Miller, Cortambert, etc. 3 part. en 1 vol. gr. in-8, demi-rel.

1556. J. P. Stellartius. De Coronis et Tonsuris... (*Douai*, 1625). — Bartolini Expositio veteris in puerperio ritus. *Romæ*, 1677. — Gebauer. De caldæ et caldi apud veteres potu. *Lipsiæ*, 1721, 3 part. en 1 vol. in-12.

1557. M. Boulanger. L'Antiquité dévoilée par ses usages, etc. *Amsterdam*, 1766, 3 vol. in-12, v.

1558. A. G. H. Nieuport. Rituum qui olim ap. Romanos obtinuerunt succincta explicatio. *Bassani*, 1803, in-12.

1559. J. Jac. Oberlin. Rituum Romanorum Tabulæ. *Argentorati*, 1774, pet. in-8.

1560. Leon Modena, Rabi di Venezia. Historia de gli Riti hebraici. *Paris*, 1637, in-12, vélin.

1561. Richard Simon. Cérémonies et coustumes qui s'observent aujourd'hui parmi les juifs; traduites de l'italien par Léon de Modène, rabbin de Venise. *Paris*, 1674, in-12, v.

1562. Jacobus Andreas. Crusius de Nocte et nocturnis officiis tam sacris quam prophanis. *Bremæ* (1653), in-12, cart.

1563. Jac. Philippi Tomasini, de Tesseris hospitalitatis. *Amsterdam*, 1670, in-12, v. br.

1564. Theodori Regneri de Bassenn de Jure jurando veterum, imprimis Romanorum. *Trajecti ad Rhenum*, 1728, 1 vol. pet. in-8, vélin.

1565. Stan. Santinelli de Romanorum veterum nobilitate dissertatio. *Venetiis*, 1717, pet. in-8.

1566. Recueil de quatre opuscules intitulé : *Antiquités, Coutumes*. 1 vol. in-12, demi-mar. vert.

1567. Petrus Ciacconius, Toletanus. De Triclinio, sive de modo convivandi. *Amst.*, 1689, in-12, parch., avec gravures.

1568. Joannes Bruyerinus. De Re cibaria libri. *Francfort*, 1600, pet. in-8, v. Armoiries.

1569. P. Petit. Homeri Nepenthes, sive de Helenæ medicamento. *Trajecti ad Rhenum*, 1689, pet. in-8.

1570, Octavii Ferrarii. De Re Vestiaria. *Patavii*, 1642, pet. in-8, vélin.

1571. Bartoli Bartolini Commentarius de Pœnulo; accessit Henrici Ernstii ejusdem argumenti epistola. *Hafniæ*, 1670, in-8, demi-vélin.

1572. Anselmus Solerius Cemeliensis. De Pileo. *Amsterdam*, 1672, 1 vol. in-12, demi-rel. parchemin, figures. — Hieronymi Bossii de Toga romana Commentarius. *Amstelodami*, 1671, in-12.

1573. Antonii Byæni de Calceis Hebræorum libri duo. *Dordraci*, 1682, 1 vol. in-12, parch.

1574. M. C. T. Rangonis de Capillamentis seu vulgo Paruquen liber singularis. *Magdeburgi*, 1663, pet. in-16, vélin.

1575. J. Fr. Wilh. Pagenstecheri A. A. F. De Barba liber singularis. *Lemgoviæ*, 1715, pet. in-8, v.

1576. Pogonologie, ou Histoire philosophique de la Barbe. *Constantinople et Paris*, 1786, in-12, v.

1577. (Delisle Desales.) Lettre de Brutus sur les chars anciens et modernes. *Londres*, 1771, pet. in-8.

S. COLLECTIONS.

COLLECTIONS, ENCYCLOPÉDIES ET JOURNAUX.

1578. Institut. Académie française. Recueil des Discours. In-4.

1840-1849, première et deuxième partie; 1850-1859, première et deuxième partie; 1860-1869, première partie.

1579. Académie des inscriptions et belles-lettres. Mémoires. —Ancienne Académie : Table des matières des 10 premiers volumes. 1740, in-4. — Nouvelle Académie : T. 16 à 26 en 16 parties in-4 br.

1580. Institut. Académie des inscriptions et belles-lettres. Mémoires présentés par divers savants. In-4.

Première série (sujets divers d'érudition). II, 1852; III, 1853; IV, 1854; V 1°, 1857; V 2°, 1858; VI 2°, 1864.

1581. — Académie des inscriptions et belles-lettres. Mémoires présentés par divers savants.

Deuxième série (Antiquités nationales). T. III, 1854; IV 1°, 1860; IV 2°, 1863; V, 1865, première et deuxième partie.

1582. — Comptes-rendus des séances de l'Académie des

inscriptions et belles-lettres, 11 vol. in-8, demi-maroq. bleu.

Tome I, année 1857 (1858); II, 1858 (1859); III-VI, 1859-1862; VII-VIII, 1863-1864.
Deuxième série, I, 1865; II, 1866; III, 1867.

1583. Institut. Académie des inscriptions et belles-lettres. Histoire littéraire de la France. In-4. T. XXII, XXIV.

1584. — Académie des inscriptions et belles-lettres. Notices et Extraits des Manuscrits de la Bibliothèque impériale, etc. *Paris*, 1787 à 1865, 21 vol. in-4.

Manquent les vol. IV, VIII, XV, première partie; XVIII, deuxième part.

1585. — Académie des inscriptions et belles-lettres. Recueil des historiens des croisades, historiens occidentaux. T. III, 1866, in-fol.

1586. Godin. Académie des sciences. Table alphabétique des matières contenues dans l'histoire et les mémoires de l'Académie royale des sciences. *Paris, par la compagnie des libraires*, 1734, 9 vol. in-4, v.

Commençant en 1666 et finissant en 1780.

1587. Institut. Académie des sciences. Mémoires. *Paris*, 1850 à 1866. Tom. XXII à XXXVII, 1re part.

1588. — Académie des sciences. Mémoires présentés par divers savants. *Paris*, 1851 à 1865. Tom. XI à XIX.

1589. — Académie des sciences. Comptes rendus hebdomadaires. *Paris*, 1835 à 1867, 65 vol. in-4, cart.

1590. — Académie des sciences morales et politiques. Mémoires. 1850 à 1860. Tom. VI à X.

1591. Comités historiques. Bulletin des Comités historiques : 1° Histoire, sciences et lettres, 4 vol.; 2° Archéologie et beaux-arts, 4 vol. En tout 8 vol. in-8, demi-maroq., 1849-1852.

1592. Comité de la Langue, de l'Histoire et des Arts de la France. 1853 à 1857, 4 vol. in-8, demi-maroq.

1593. Comité historique. Bulletin des Sociétés savantes (depuis 1854). In-8, demi-maroq.

1594. Comité des travaux historiques. Revue des Sociétés savantes des départements. 21 vol. in-8, demi-maroq.

Première série : 1855 à 1857, 4 vol. — Deuxième série : 1858-1862, 8 vol. — Troisième série : 1863-1864, 4 vol. — Quatrième série : 1865-1866-1867, 1er sem., 5 vol.

1595. Comité des travaux historiques, section des sciences. Revue des Sociétés savantes (sciences). 1862 à 1864, 6 vol. in-8, demi-maroq. grenat.

1596. Comité des travaux historiques. Mémoires lus à la Sorbonne dans les séances extraordinaires du comité (Histoire). *Paris*, 1863-68, 6 vol. in-8, demi-maroq.

1597. Comité des travaux historiques. Mémoires lus à la Sorbonne dans les séances extraordinaires du comité (Archéologie). 1863-68, 6 vol. in-8, demi-maroq.

1598. Comité des travaux historiques. Dictionnaire topographique de la France. 1861-65, 7 part., in-4 br.

1599. Société philomathique. Rapports généraux sur les travaux, de 1788 à l'an VIII (1800). 4 vol. in-8.—Procès-verbaux. 1836 à 1863, 9 vol.

1600. Mémoires de l'Académie celtique. *Paris*, 1807-1812, 6 tom. en 5 vol. in-8, demi-rel.

1601. Société impériale des Antiquaires de France (ancienne Académie celtique). Mémoires. 1844 à 1868, 14 vol. in-8, et 5 vol. de Bulletins.

1603. Société d'Ethnographie orientale et américaine. Revue orientale et américaine, 1860-62, t. IV à VIII, in-8.

1604. Institut égyptien. Mémoires, in-4, t. Ier, 1862.

1605. Société archéologique d'Athènes. Résumé des Actes, grec-français. *Athènes*, 1847, in-8, demi-rel. mar.

1606. L'Institut. Journal général des sociétés et travaux scientifiques de la France et de l'étranger. 4 vol. pet. in-fol., demi-mar. noir.

Première section : sciences math., phys. et natur., tom. VII, 1839-1840. Deuxième section : 1836-40, 1 vol.; 1841-45, 1 vol.; 1846-50.

1607. Revue de l'Instruction publique. 1842-67, en 27 vol. in-fol., demi-rel.

1608. La Science. 1855-57, 3 vol. in-fol., cart.

1609. Journal de l'École polytechnique, etc. An IX à 1865, 24 vol. in-4, rel.

Les numéros 39 et 40 manquent.

1610. Journal officiel, puis général, de l'Instruction publique. 1832 à 63, 32 vol. in-fol.

Les tomes I, III, IV, IX, XIX, XX manquent.

1611. Athenæum français. 1852 à 1857, in-4, t. I à VI.

1612. J. Liouville. Journal de Mathématiques. 1re série, t. I à XX, 1836-55 ; 2e série, t. I à IX, 1856-1864; 29 vol. in-4, demi-rel. veau bl.

1613. Annales de Mathématiques. T. I, VII, IX, XII-XXI, 18 vol. in-4, cartonn. vert.

1614. Nouvelles Annales de Mathématiques, rédigées par MM. Terquem et Gérono. 26 vol. in-8, demi-rel. veau vert.

Première série, 20 vol. — Deuxième série, t. I à VI.

1615. Nouvelles Annales de Mathématiques. Annexe : Bulletin de bibliographie, d'histoire et de biographie mathématique. 1855 à 1862, 8 tom. en 2 vol. in-8, demi-mar. vert foncé.

1616. Ministère de l'instruction publique. Archives des missions scientifiques et littéraires. 1850 à 64; 1re série, 1850-1856, 6 vol. in-8; 2e série, t. I à III.

1617. Bibliothèque de l'École des Chartes. 1re série, 5 vol.; 2e série, 5 vol.; 3e série, 5 vol.; 4e série, 5 vol.; 5e série, 5 vol.; 25 vol. in-8, rel.

1618. Journal des Connaissances utiles. 1831-39, 8 vol.

1619. Journal des Connaissances usuelles. 28 vol. in-8, cart.

1620. Bulletin de Mathématiques. 16 vol. in-8, cartonnés.

1621. L'Intermédiaire, 1864-67. T. I à IV, in-8, dos de toile.

1622. L'abbé Moigno. Les Mondes, revue hebdomadaire des sciences. 1863-68, 17 vol. in-8, demi-mar. vert.

1623. Revue archéologique. *Paris*, 1843 à 1867, 31 vol. in-8, demi-rel.

1624. Revue de Philologie, de Littérature et d'Histoire ancienne. *Paris*, 1845, 2 vol. demi-veau, in-8.

1625. Séances des écoles normales, recueillies par des sténographes et revues par les professeurs; nouvelle édition. T. I à X, 1800 à 1801; *Débats*, t. I à III, 1800 à 1801 (complet en 13 vol.). *Paris*, in-8, demi-veau.

1626. H. Brugsch, *puis* C.-R. Lepsius. Zeitschrift für ægyptische Sprache und Alterthumskunde. 1863-1867, t. I à V, in-4.

1627. Revue anecdotique. 1855 à 1862, 8 vol. in-12 (complet). — Petite Revue. 1863-65, 10 part. cart. en 5 vol.

1629. Collection d'encyclopédie portative. 12 vol. in-12.

1630. S.-Henry Berthoud. Lectures populaires. 1860-61, 12 part. in-12.

1632. L'abbé de Petity. Étrennes françaises, dédiées à la ville de Paris pour l'année jubilaire du règne de Louis le Bien-Aimé. *Paris*, 1766, 1 vol. in-fol., veau.

1633. Annuaire de la Société des Antiquaires de France. 1848 à 1855, 8 tom. en 5 vol. in-12, cart. angl. violet.

1634. Annuaire de la Société de l'Histoire de France. 1837 à 1860, 24 vol. in-12, cart. angl. vert.

FIN DE LA PREMIÈRE PARTIE.

TABLE DES DIVISIONS.

NOTA. Ce Catalogue renferme quatre grandes divisions adoptées pour la bibliothèque de feu M. Vincent : I. MUSIQUE, K. POÉTIQUE, N. ARCHÉOLOGIE, S. COLLECTIONS.

MUSIQUE.

POÉTIQUE.

ARCHÉOLOGIE.

FIN DE LA TABLE DES DIVISIONS.

ORDRE DES VACATIONS.

PREMIÈRE VACATION.

Lundi 20 *novembre* 1871........................... Nos 1 — 190

DEUXIÈME VACATION.

Mardi 21 ***novembre***................................ 191 — 382

TROISIÈME VACATION.

Mercredi 22 ***novembre***........................... 383 — 574

QUATRIÈME VACATION.

Jeudi 23 ***novembre***.............................. 575 — 769

CINQUIÈME VACATION.

Vendredi 24 ***novembre***........................... 770 — 952

SIXIÈME VACATION.

Samedi 25 ***novembre***............................. 953 — 1141

SEPTIÈME VACATION.

Lundi 27 ***novembre***.............................. 1142 — 1338

HUITIÈME VACATION.

Mardi 28 ***novembre***.............................. 1339 — 1538

NEUVIÈME VACATION.

Mercredi 29 ***novembre***........................... 1539 — 1634

www.ingramcontent.com/pod-product-compliance
Ingram Content Group UK Ltd.
Pitfield, Milton Keynes, MK11 3LW, UK
UKHW020915180726
13838UKWH00002B/564